C.H.BECK WISSEN

«Ora et labora – bete und arbeite!» Das benediktinische Mönchtum hat mit der Verbindung von Askese und tätigem Leben Gesellschaft, Wirtschaft, Politik und das Bild vom Menschen in Europa nachhaltig geprägt. Mirko Breitenstein schildert die Geschichte der Benediktiner seit ihrem sagenumwobenen Gründer Benedikt von Nursia und seiner Ordensregel und stellt dabei die wichtigsten Formen benediktinischen Lebens vor: von den wirtschaftlich prosperierenden Klöstern der Karolinger über die Reformbewegung von Cluny und die Zisterzienser bis zu den in Bildung, Mission und Gebet tätigen Gemeinschaften der Neuzeit. Sein anschaulicher Überblick macht eindrucksvoll deutlich, wie sich die spätantike christliche Gemeinschaft immer wieder neuen Herausforderungen gestellt hat und dabei ihren Ursprüngen treu geblieben ist.

Mirko Breitenstein, geb. 1975, ist Privatdozent für Mittelalterliche Geschichte an der Technischen Universität Dresden und Leiter der Arbeitsstelle «Klöster im Hochmittelalter» der Sächsischen Akademie der Wissenschaften zu Leipzig.

Mirko Breitenstein

DIE BENEDIKTINER

Geschichte, Lebensformen, Spiritualität

C.H.Beck

Mit 5 Abbildungen

Originalausgabe

www.chbeck.de
Satz: C.H.Beck.Media.Solutions, Nördlingen
Druck und Bindung: Druckerei C.H.Beck, Nördlingen
Reihengestaltung Umschlag: Uwe Göbel (Original 1995, mit Logo),
Marion Blomeyer (Überarbeitung 2018)
Umschlagabbildung: Gotischer Kreuzgang in der ehemaligen
Benediktinerabtei St. Emmeran in Regensburg,
© akg-images/Imagno/Gerhard Trumler
Printed in Germany
ISBN 978 3 406 74001 5

myclimate

klimaneutral produziert
www.chbeck.de/nachhaltig

Inhalt

Einleitung: Wer sind die Benediktiner?

Benediktiner sind nicht vergessen. Anders als manche anderen religiösen Gemeinschaften sind sie auch dort noch im öffentlichen Bewusstsein präsent, wo christliche Prägungen verblassen. Man kennt sie als «schwarze Mönche», man bestaunt ihre prächtigen Abteien, vielleicht hat man schon einmal von Benediktinern gebrautes Bier getrunken oder sogar eine ihrer Schulen besucht. Den spirituell Interessierten mögen die aktuellen Bücher von Pater Anselm Grün ansprechen – benediktinische Bestseller. In diesen und in vielen weiteren Aktivitäten unterscheiden sich heutige Benediktiner kaum von denen vergangener Jahrhunderte: Ihre Klöster besaßen und besitzen neben der genuin religiösen eine soziale, eine wirtschaftliche, eine kulturelle und nicht zuletzt eine politische Dimension, auch wenn letztere in der Gegenwart stark geschwunden ist.

Benediktiner gehören wie viele andere religiöse Gemeinschaften zur großen Gruppe der Religiosen – Frauen und Männern, deren zentrales Lebensmotiv die Gottsuche ist. Dabei orientieren sie sich in besonderer Weise an der für das Christentum insgesamt prägenden Unterscheidung zwischen den für alle geltenden Geboten und den darüber hinausgehenden «evangelischen Räten», den *consilia evangelica* von Armut, Keuschheit und Gehorsam (Mt 19,12.21.26). Nach diesen zu leben hieß und heißt, den Weg zur Vollkommenheit zu beschreiten, wobei jedoch stets unbestimmt bleibt, wie arm, wie keusch oder wie gehorsam man zu sein hat, um tatsächlich den Lehren Christi und damit ihm zu folgen. Religiose – egal ob sie allein leben oder in Gemeinschaft – sehen sich dabei als Vertreter einer Lebensform permanenten Strebens nach dem in sich unbestimmten ‹Mehr›, das den Unterschied des Angeratenen vom bloß Gebotenen herausstellt. Aus diesem ‹Mehr› begründeten sich seit jeher die asketischen Praktiken jener Frauen und Männer ebenso wie ihr Elitebewusstsein. Zu diesem Leben gehört aber auch, sich stets der Grenze bewusst zu sein, die zwischen dieser irdischen Welt und jener göttlichen Sphäre – der Heimstatt des künftigen, des ewigen Lebens – besteht. Weil sie den Weg der Vollkommenheit beschreiten, dürfen Religiose nicht den Dingen und Praktiken dieser irdischen und vergänglichen Welt anhängen – als sterbliche Menschen wissen sie jedoch auch, dass sie in ihr bis zu einem von Gott gesetzten Zeitpunkt auszuharren haben. Um dieser doppelten Herausforderung zu genügen, haben sie ihre Kirchen und Klöster als Orte konzipiert, wo Diesseits und Jenseits sich berühren. Religiose leben gleichsam auf der Grenze beider Welten. Diese Grenze bereits während des irdischen Lebens in Richtung des Himmels zu verlassen, muss ihnen verwehrt bleiben. Sie jedoch in Richtung der Welt zu überschreiten, würde zwangsläufig ein Scheitern bedeuten. Wenn Benediktinern das Schicksal erspart blieb, vergessen zu werden, dann auch deshalb, weil es ihnen über die Jahrhunderte gelungen ist, jene Spannung zwischen Diesseits und Jenseits zu halten. Dies ist keine Selbstverständlichkeit: Nicht wenige religiöse Gemeinschaften, die einmal weite Verbreitung gefunden haben, bestehen nicht mehr, geschweige denn, dass man sich ihrer erinnert.

Doch auch wenn Benediktiner nicht vergessen sind, bleibt die Frage, wer denn mit dieser Bezeichnung überhaupt angesprochen wird. In einem engeren Sinne ist die Antwort leicht zu geben: all jene Frauen und Männer, die einer derjenigen Gemeinschaften angehören, die in der Benediktinischen Konföderation verbunden sind (siehe S. 121). Allerdings gibt es diese erst seit 1893. Deren Geschichte zu schreiben, wäre verdienstvoll, bliebe aber doch nur ein Torso. Denn vieles von dem, wofür Benediktinerinnen und Benediktiner heute stehen, würde fehlen: In dieser Geschichte kämen die großen Abteien nicht vor, kaum die ehrwürdigen Bibliotheken, sicher nicht das Bier, und auch ihr typischer Habit ist keine Kleidung des ausgehenden 19. Jahrhunderts. Selbstverständlich gab es Benediktiner schon lange vor der Moderne. Deshalb liegt diesem Buch ein umfassenderer Begriff zugrunde: Benediktiner sind all jene Frauen und Männer, die ein Leben nach der Regel Benedikts führen – eines Textes, dessen Spuren sich bis ins 6. Jahrhundert zurückverfolgen lassen.

Nur wenige Institutionen können auf eine Geschichte zurückblicken, die anderthalb Jahrtausende zurückreicht. Für eine Vereinigung, die auf der Anerkennung gemeinsamer Normen, Werte und Leitideen gründet, ist dies eine außergewöhnlich lange Zeitspanne. Eine solche Geschichte umfasst immer konkrete Wandlungsprozesse in allen gesellschaftlichen Bereichen: nicht nur Religion, sondern auch Politik, Wirtschaft und Kultur. Für die Benediktiner reichen sie von lokalen Anfängen unter den Bedingungen der untergehenden römischen Kultur im italischen Raum des 6. Jahrhunderts bis zu einer – wenn auch bescheidenen – globalen Präsenz unter ganz verschiedenen gesellschaftlichen Vorzeichen und in mannigfaltigen kulturellen Milieus heute. Zwangsläufig stellt sich also die Frage, was denn die Benediktiner des Anfangs mit jenen der Gegenwart verbindet. Verfolgen sie tatsächlich alle dieselben Ziele? Haben sie die gleichen Lebensformen? Oder teilen sie vielleicht nur denselben Namen?

Die Herausforderung, im geschichtlichen Vergleich etwas Verbindendes zu finden, stellte und stellt sich nicht nur für historisch Interessierte, sondern ebenso für jene, die sich selbst als Benediktinerinnen und Benediktiner bezeichnen und begreifen. Nie haben sie sich als Orden im strikten Sinne organisiert, und doch gibt es Orden innerhalb ihrer großen Gemeinschaft: Zisterzienser, Vallombrosaner oder Silvestriner sind nur drei von vielen. Damit wird zunächst einmal deutlich: Benediktiner teilen nicht unbedingt denselben Namen. Sie tun es nur dann, wenn man den eben eingeführten weiteren Begriff verwendet, demzufolge «benediktinisch» schlicht für ein Leben nach der Benediktsregel steht. Damit ist zugleich die Frage nach gleichen Zielen beantwortet: Wenn «benediktinisch» bedeutet, eine gemeinsame Regel zu befolgen, dann besteht das alle verbindende Ziel eben in der gemeinsamen Ausrichtung des Lebens an dieser Regel. Das Wort «Benediktiner» selbst begegnet allerdings nicht vor dem 13. Jahrhundert. Stattdessen sprach man allgemein von Mönchen und unterschied allein die Farbe ihres Gewands: schwarz waren die «alten», die traditionellen, weiß die «neuen» Benediktiner wie Zisterzienser oder Olivetaner.

Auch Religiose als diejenigen, die sich stets auf der Grenze zwischen der absoluten jenseitigen Welt und der veränderlichen diesseitigen Welt bewegen, müssen auf den Wandel der irdischen Gegebenheiten reagieren. Dies belegt eindrucksvoll die benediktinische Geschichte. Sie ist beredtes Zeugnis der Fähigkeit, sich stets aufs Neue und mit hoher Flexibilität an veränderte Umstände anzupassen und historischen Herausforderungen zu stellen und sich dabei doch in großer Festigkeit an der Regel als unhintergehbarer Leitidee zu orientieren. Die Bereitschaft von Benediktinerinnen und Benediktinern, in der Umsetzung ihres ebenso spirituellen wie pragmatischen Grundtexts immer wieder auch neue Wege zu gehen, erwies sich als Schlüssel ihres Erfolgs. Die Fülle der dabei im Laufe der Zeit entwickelten Lebensformen ist somit kein Ausdruck organisatorischer Schwäche, sondern vielmehr Voraussetzung der dauerhaften Tragkraft einer Idee.

Das Benediktinische manifestierte sich zu allen Zeiten in je spezifischer Weise. Stets ging es darum, dem Gesetz (*lex*) der Regel zu folgen, ohne dabei ihren Sinn aus den Augen zu verlieren. Doch während dieses Gesetz feststand, war sein Sinn fortwährend neu zu bestimmen. Hinzu kam, dass die Regel auch in ihrem normativen Kern nicht für alle Bereiche klösterlichen Lebens Weisungen gab, sondern vieles dem Ermessen des Abts anheimstellte. Dabei sahen sich Benediktinerinnen und Benediktiner vor immer wieder neue, zeitbedingte Herausforderungen gestellt. Wie auch in anderen gesellschaftlichen Bereichen oder sozialen Zusammenhängen konnten ihre Antworten auf konkrete Fragen durchaus verschieden, ja nicht selten auch einander widersprechend sein. Die Folge war eine gelebte Vielfalt im Bezug auf gleiche Werte und Normen. Dabei waren die gefundenen Wege der Regelbefolgung nie nur geübte Praxis, sondern stets auch mit einem appellativen Anspruch auf Befolgung verbunden. Ob in Gemeinschaft oder allein – benediktinisches Leben war immer modellhaft: für die Welt und für andere Religiose, auch solche, die bereits nach der Benediktsregel lebten.

Trotz vielfältiger Möglichkeiten, das Leben nach der Regel zu gestalten, gab es immer Leitlinien, die aus dem Regeltext selbst erwuchsen: Selbstheiligung, Gottsuche und Gebet blieben zu allen Zeiten und in allen benediktinischen Lebensformen zentral. Erkennbar ist ein konsequenter Verzicht auf jegliche Funktionalisierung der Gemeinschaften, sei es für die Seelsorge, für die Mission, für gelehrte Studien oder für den Dienst am Nächsten. Alle diese Aufgaben wurden auch von Benediktinern übernommen, sie traten aber nie ins Zentrum ihrer Spiritualität.

In deren Mittelpunkt steht unverrückbar die Regel Benedikts. Sie weist den Weg, der den Aufstieg zum Himmel ermöglicht, weshalb auch alle Erneuerungsbewegungen stets wieder die Regel ins Zentrum rückten und in ihrer «reinen und wahren» Befolgung das einzig wirksame Mittel gegen den Verfall und damit den Abstieg sahen. Die zahlreichen Reformen im Verlauf der benediktinischen Geschichte waren Reaktionen auf disziplinarische Schwächen oder auf vermeintlich normative Verdichtungen, die beide dem Geist der Regel zuwiderliefen. Ihnen sollte mit einem Rückgriff auf das Charisma des Ursprungs begegnet werden, das sowohl in der Regel, aber auch in der Person Benedikts von Nursia, des legendären Stifters, verkörpert schien. Die Lektüre seiner Regel wie auch seiner Vita sollte helfen, die heilige Vergangenheit erinnernd für das eigene Leben zu erschließen und damit die charismatische Kraft des Anfangs in die Gegenwart zu überführen. Das benediktinische Kloster wurde so zur symbolischen Verkörperung jener besseren und ewigen Welt, das Leben der Nonnen und Mönche mit dem der Engel in Relation gesetzt. Benedikt im täglichen Leben zu folgen hieß, einem himmlischen Maßstab anzuhängen.

Das vorliegende Buch möchte die Benediktiner von den Anfängen bis in die Gegenwart vorstellen, wobei die Geschichte der Benediktsregel und der Umgang mit ihr im Vordergrund stehen werden. Diese Fokussierung mag als unnötige Beschränkung, ja Reduzierung erscheinen, durch die benediktinische Geschichte auf eine Geschichte der Regel und des Umgangs mit ihr reduziert wird. Dem ist nicht so. Vielmehr lassen sich nur durch eine solche Engführung die überaus vielfältigen benediktinischen Lebensformen auf einen gemeinsamen Aspekt konzentrieren, der wiederum den nötigen Vergleich ermöglicht. Denn benediktinische Geschichte handelt vom Umgang mit der Regel, sie ist zuvorderst eine Geschichte ihrer Auslegung.

1. Die Benediktsregel als Grundtext

«Höre, mein Sohn, auf die Weisung des Meisters ...» Mit diesen Worten (RB, Prol. 1) beginnt die Regel – der pragmatische und spirituelle Grundtext aller Benediktinerinnen und Benediktiner. Für sie ist er als knappe Zusammenfassung biblischer Weisungen Norm des Lebens und zugleich Lehrbuch des Glaubens. So, wie Gott sein Volk anrief – «Höre Israel!» (Dtn 6,4) –, so wendet sich auch der «Meister» (*magister*) an alle, die ihm folgen. Sie sollen hören und dafür auch das «Ohr ihres Herzens» öffnen. Angesprochen ist somit der äußere ebenso wie der innere Mensch. Ein solch direkter Appell des Lesers (oder Hörers) fingiert eine Form der mahnenden Anrede, die für das frühe Mönchtum typisch ist. Das Wort eines Meisters ersetzte die Schrift. Wenn auch zunächst nur die «Söhne» angesprochen werden, ist die Regel doch überwiegend offen in ihrer Anrede. Nicht das Geschlecht, sondern die Bereitschaft zum Dienst steht im Zentrum: «An dich also richte ich jetzt mein Wort, wer immer du bist, wenn du nur dem Eigenwillen widersagst, für Christus, den Herrn und wahren König, kämpfen willst und den starken und glänzenden Schild des Gehorsams ergreifst.» (RB, Prol. 3) Hiervon konnten sich auch Frauen angesprochen fühlen, und sie taten es in großer Zahl, auch wenn die Benediktsregel ursprünglich für eine Gemeinschaft von Männern geschrieben worden war.

Im Folgenden präzisiert der Verfasser den Adressatenkreis seines Werkes: diejenigen nämlich, die im Kloster unter einem Abt und unter einer Regel leben. Als Zönobiten haben sie auf den eigenen Willen verzichtet, um in der Gemeinschaft der Brüder Gott zu suchen; im Kloster lernen sie das, was nötig ist, um den Kampf des Mönchs später auch allein bestehen zu können. Gleich zu Beginn wird somit die Funktion des Texts klar benannt: Er ist ein Werkzeug, das dem Einzelnen ermöglicht, sich in der Gemeinschaft ganz auf das Gotteslob und die Verrichtung der Gebete zu konzentrieren. Von dieser Zielsetzung her sind alle weiteren Anweisungen zu verstehen.

Aufbau und Inhalt der *Regula Benedicti* lassen ihre sukzessive Entstehung deutlich erkennen. In seiner Gesamtheit verweist der Text darauf, dass er aus der Erfahrung des klösterlichen Alltages heraus entstand und nicht Resultat eines einmaligen rechtsschöpferischen Akts ist. Die Inhalte der Regel gehen wesentlich aus der Praxis des täglichen Lebens hervor; das in ihr präsentierte Wissen ist erprobtes Wissen. Trotz mancher inhaltlicher Widersprüche und auch textlicher Wiederholungen, die wohl nicht zuletzt den Umständen ihres allmählichen Entstehens geschuldet sind, präsentiert sich die Regel mit einer erkennbaren Ordnungsstruktur, in der einzelne Kapitel zu komplexeren Sinneinheiten zusammengefasst sind:

Prolog: Programmatik der Regel
Kapitel 1–3: Gemeinschaft und Abt
Kapitel 4–7: Tugendlehre
Kapitel 8–20: Gebetslehre und Gottesdienstordnung
Kapitel 21–22: Innere Ordnung des Klosters
Kapitel 23–30: Sanktionssystem
Kapitel 31–57: Verwaltung und Versorgung des Klosters
Kapitel 58–61: Aufnahmeordnung neuer Mitglieder
Kapitel 62–67: Ämter und Aufgaben
Kapitel 68–73: Gemeinschaftsleben

Ämter und Verfassung

«Das Haus Gottes soll von Weisen weise verwaltet werden.» (RB 53.22) Diese Mahnung aus dem Kapitel über die Aufnahme von Gästen kann leitmotivisch über dem gesamten Regeltext stehen. Trotz seiner irdischen Präsenz gehört ein solches «Haus Gottes» (*Domus Dei*, vgl. auch RB 31.9; 64.5) immer bereits der Sphäre des Göttlichen an. Dieses transitorische Moment – die Verhaftetheit noch im Irdischen bei gleichzeitigem Streben schon zum Himmlischen – ist dabei jedoch kein Ausweis benediktinischen Lebens allein, sondern Kennzeichen des Mönchtums überhaupt. Es steht für ein generell typisches Bemühen innerhalb einer religiösen Lebensführung (*vita religiosa*), bereits unter weltlichen Bedingungen so zu leben, als gehörte man dem Himmel und damit dem Reich Gottes an. Folglich ist mit dem «Haus Gottes» auch die klösterliche Gemeinschaft selbst gemeint. Ihren Mitgliedern kommt die tragende Funktion für die Stand- und Dauerhaftigkeit der *Domus Dei* zu. Die für deren Verwaltung nötige Weisheit erwächst aus der eben bereits benannten Zielsetzung des Klosterlebens: der Suche nach Gott und seinem beständigen Lobpreis.

Angesprochen ist hier eine symbolische Dimension, die dem klösterlichen Leben generell eigen ist, die aber im benediktinischen Mönchtum über viele Jahrhunderte zu einer besonderen Blüte entwickelt wurde: das Bestreben nämlich, jede Handlung, jedes Amt, jedes reale Objekt und jeden institutionellen Zusammenhang nicht nur als etwas Eigentliches zu sehen, sondern stets auch als etwas, das über sich selbst hinausweist. Die Gemeinschaft der Brüder wird zum «Haus Gottes», das Kloster selbst zur «Schule für den Dienst des Herren» (RB, Prol. 45) oder zur «Werkstatt (*officina*) der geistlichen Kunst» (RB 4.78).

Dieser symbolische Mehrwert aller Bereiche benediktinischen Lebens ist zuvorderst auch innerhalb der Rechtsordnung eines Klosters feststellbar. Der Gemeinschaft der Mönche als dem «Haus Gottes» steht der Abt in Stellvertretung Christi vor, wird er doch auch mit dessen Namen – *abbas*, Vater – angeredet. Zugleich ist er Hirte und Arzt, geistlicher Vater, Hausvater und Lehrer, Diener ebenso wie Herr derjenigen, die ihn in all diesen Funktionen anerkennen. Ihm ist die Verantwortung für das Leben der Brüder im Diesseits ebenso übertragen wie die aus der Art dieses Lebens resultierenden Konsequenzen im Jenseits. Richtschnur seines Handelns ist dabei die Regel selbst: Weder steht der Abt über ihr, noch kann er von ihr absolvieren. Die in der Regel kodifizierte Verfassung der benediktinischen Gemeinschaft gründet somit auf zwei komplementären Prinzipien: der Herrschaft des Abts und der allgemeinen Anerkennung der Regel als rechtlich wie moralisch fundierendem Text. Die Autorität des Abts findet ihr Korrektiv in der Regel, während die in nicht wenigen Kapiteln offen formulierte Regel notwendig der Auslegung durch den allein hierzu befugten Abt bedarf. Zwar soll er in allen wichtigen Angelegenheiten den Rat der Brüder einholen (RB 3), doch liegt die letzte Entscheidung und somit auch die Verantwortung allein bei ihm, dem Stellvertreter Christi.

Vor diesem Hintergrund legt die Regel Wert darauf, dass nur «Würdige» in das Amt des Abts gewählt werden sollen (RB 2.1 u. ö.). Das Verfahren der Wahl selbst wird nicht thematisiert, sondern offensichtlich als bekannt vorausgesetzt. Betont wird jedoch, dass nicht immer eine Mehrheitsentscheidung nötig ist, sondern ein Oberer auch von einer Minderheit gewählt werden kann, sofern diese über die größere Einsicht verfügt. Vergleichsweise ausführlich sind hingegen Bestimmungen für den zu verhindernden Fall, dass Mönche einen Abt wählen, der «ihrer Lasterhaftigkeit zustimmt» (RB 64.3–6): Dann käme dem Bischof, den Äbten benachbarter Klöster und überhaupt allen Christen die Aufgabe zu, einen solchen Zustand zu beenden. Diese zu verhindernde Konstellation ist somit einer der wenigen Fälle, in denen die Regel einen von außen kommenden Eingriff in die interne Rechtsordnung vorsieht. Die rechtliche Selbstbestimmung eines benediktinischen Klosters findet ihre Grenze dort, wo die Rechtsordnung selbst gefährdet ist.

Anders als der Abt (und die Dekane) werden alle weiteren Amtsträger eines Klosters nicht gewählt, sondern durch diesen bestimmt. Der Prior unterstützt und vertritt den Abt (RB 65), ebenso die Dekane in besonders großen Gemeinschaften (RB 21). Dem Cellerar kommen die Verantwortung für die materiellen Güter eines Klosters und die Versorgung der Mönche zu (RB 31). Der Pförtner, der stets ein gefestigter und reifer Mönch sein soll, überwacht und reguliert den Kontakt der Gemeinschaft zur

Außenwelt (RB 66). Einem Gastbruder wiederum obliegt es, die Wohnung der Gäste innerhalb des Klosters zu besorgen (RB 53). Ein ebenso liebevoller wie fürsorglicher und gottesfürchtiger Pfleger soll für die Kranken da sein (RB 36), ein Älterer, der «die Fähigkeit hat, Seelen zu gewinnen», für die Novizen (RB 58). Wöchentlich wechseln diejenigen ihren Dienst, die mit den Ämtern des Küchendieners (RB 35) oder Tischlesers (RB 38) betraut sind. Aus dem Zusammenspiel der für die Gemeinschaft tätigen Amtsträger ergibt sich ein komplexes System von gegenseitigen Verantwortlichkeiten, die ihren gemeinsamen Bezugspunkt in der Erfüllung der Regel haben. Keinesfalls, so wird mehr als einmal betont, dürfe die Ausübung eines Amtes zu Hochmut führen – vielmehr solle mit zunehmender Machtfülle auch die Verantwortung wachsen: Je höher ein Mönch durch seine Aufgaben «über die anderen gestellt ist, um so gewissenhafter muss er die Gebote der Regel beachten» (RB 65.17). Jeder Inhaber eines Amtes soll dieses zuvorderst als einen Dienst verstehen, den er der Gemeinschaft und damit letztlich Gott bringt.

Von diesem Grundgedanken ausgehend sind die zwei Prinzipien verstehbar, nach denen die Binnengliederung eines benediktinischen Klosters organisiert ist: der Grundsatz der Anciennität und die Autorität des Abts. Beide gehören zusammen und verweisen in ihrer Verknüpfung auf einen kaum zu überschätzenden Wandel im Bild vom Menschen überhaupt, für den gerade das benediktinische Mönchtum steht. Das Christentum als solches – und damit auch das christliche Mönchtum – hatte sich ganz wesentlich innerhalb der Grenzen des spätantiken römischen Reichs entwickelt und war folglich auch in die römische Rechts- und Sozialordnung eingebunden. Erst vor diesem Hintergrund wird die geradezu sozialrevolutionäre Sprengkraft der neuen mönchischen Bewegungen deutlich, die nicht mehr zwischen Sklaven und Freien unterschied, da in Christus alle eins seien und es vor Gott kein Ansehen der Person gebe, wie die Benediktsregel unter Verweis auf Gal 3,28 und Röm 2,11 ausdrücklich betont. Im benediktinischen Kloster ist der Abt sogar ausdrücklich gehalten, keine sozial begründete Rangordnung zu etablieren: «Wer frei geboren ist, darf nicht über den gestellt werden, der aus dem Sklavenstand ins Kloster tritt, wenn dafür nicht ein anderer, vernünftiger Grund besteht.» (RB 2.18)

Die zu verwirklichende Rangordnung soll stattdessen auf dem Zeitpunkt des Eintritts in das Kloster basieren (RB 63.1). Ebenso wenig wie weltliche Hintergründe dürfe das Lebensalter eines Mönchs den Ausschlag für Vorrechte oder gar einen allgemeinen Vorrang geben. Dem Abt ist vielmehr aufgetragen, diesen Grundsatz nur in Ausnahmefällen außer Kraft zu setzen, wenn die Verdienstlichkeit eines Mönchs es rechtfertigt oder die Verfehlungen eines anderen es nötig machen. In solchen Fällen ist die Autorität des Abts geeignet, die allgemeine Ordnung zu korrigieren. Im Idealfall – dies macht die Regel deutlich – muss und soll der Abt keinen Gebrauch von seinem Korrekturrecht machen. Würde er jedoch, wenn es erforderlich ist, darauf verzichten, autoritativ einzugreifen, wäre dies in gleicher Weise ein Verstoß gegen seine Amtspflichten.

Generell zählt die Strafgewalt zu den wichtigsten Vorrechten (und auch Pflichten) des Abts. Ihm allein steht es nach der Regel zu, die Schwere der Schuld zu beurteilen, die ein Mönch auf sich geladen hat, und nachfolgend die Art der Strafe zu bestimmen. Dabei stellt diese Bestrafung selbst den Höhepunkt eines mehrstufigen Korrektursystems dar. An dessen Beginn steht zunächst die noch geheime Ermahnung des Bruders durch einen Oberen. Führt auch ein zweites diskretes Mahnen nicht zum Erfolg, soll das Vergehen durch eine Zurechtweisung im Kreis der Brüder öffentlich gemacht werden. Wer selbst dann nicht zu einer Besserung bereit ist, solle, so will es die Regel, tatsächlich einer Bestrafung unterworfen werden. Sie soll dabei entweder durch Ausschließung aus der Gemeinschaft oder – sofern der Betroffene den Sinn einer solchen Strafe nicht versteht – durch Körperstrafe vollzogen werden, was jedoch in der Moderne nicht mehr praktiziert wird. Der Grad der Ausschließung richtet sich nach der Schwere der vom Abt erkannten Schuld und reicht von der Untersagung gemeinsamer Mahlzeiten (RB 24) über die Verweigerung der Teilnahme am gemeinsamen Gebetsdienst (RB 25) bis hin zum dauerhaften Verweis aus dem Kloster (RB 28).

Ziel der vergleichsweise umfangreichen Bestimmungen zu disziplinarischen Maßnahmen (RB 23–30; 43–46) ist neben dem Aspekt der individuellen Besserung – der durchaus auch mit kollektiver Abschreckung verbunden sein kann – vor allem der Schutz der Gemeinschaft. Der im Ungehorsam gegenüber Weisungen zutage tretende Eigensinn eines Mönchs wird stets auch als Bruch des in der Profess gelobten Gehorsams verstanden und damit als unmittelbare Gefährdung der gesamten klösterlichen Ordnung. Jedem Mönch muss bewusst sein, dass man ihn im Falle fortgesetzter Unbußfertigkeit als «räudiges Schaf» (RB 28.8) erkennen würde, das aus der Herde entfernt werden müsse, bevor es andere ansteckt. Dabei verlangt die Regel eine umfassende und beständig zu erneuernde Kenntnis ihrer selbst: «Wir wollen, dass diese Regel öfters in der Gemeinschaft gelesen wird, damit sich kein Bruder mit Unkenntnis entschuldigen kann.» (RB 66.8) Die Regel begleitet den Mönch somit nicht nur, indem sie die Prinzipien seines Lebens bestimmt, sondern auch dadurch, dass sie ihn beginnend mit dem Noviziat zur fortwährenden Beschäftigung mit sich – mit dem Text – anhält.

Wege ins Kloster

Ganz in Übereinstimmung mit den monastischen Traditionen sieht die Benediktsregel drei Wege vor, auf denen man Aufnahme im Kloster finden kann: den freiwilligen Eintritt eines erwachsenen Laien oder Priesters (RB 58; 60), die Oblation – eine ritualisierte Übergabe von Kindern an ein Kloster durch ihre Eltern oder Vormünder (RB 59) – sowie den Übertritt eines Mönchs aus einem anderen Kloster, den sogenannten Transitus (RB 61). Welcher dieser Wege in der Frühzeit am häufigsten beschritten wurde, bleibt unklar. Alle drei seien kurz charakterisiert:

Oblation: Die für die Moderne zweifellos befremdliche Praxis, Kinder zu verschenken – und sei es an eine geistliche Institution –, gründete auf dem Gedanken des Opfers, das man Gott in Gestalt des Kindes darbrachte. Als Vorbild bezog man sich ausdrücklich auf die Figur des biblischen Propheten Samuel (1 Sam), der von seinen Eltern dem Priester Eli übergeben worden war. Damit ein derartiges «Opfer» auch dauerhaft sein konnte, wurde versucht, alle Bindungen des Kindes an die Welt außerhalb des Klosters zu kappen. Die Anwesenheit von Kindern im Kloster der Benediktsregel ist durch zahlreiche Hinweise im Text belegt (RB 31.9; 37; 39.10; 45.3; 63.9, 18 f.; 70.4). Bestimmungen zum Umgang mit ihnen, die über disziplinarische Fragen hinausreichen, sucht man jedoch vergeblich. Seit dem 12. Jahrhundert wurde diese Form des «Eintritts» zunehmend infrage gestellt, weil sie keine bewusste Entscheidung für ein Leben im Kloster darstellte. Auf dem Konzil von Trient wurde die Oblation 1563 schließlich für alle religiösen Gemeinschaften untersagt. Wenn heute von Benediktineroblaten die Rede ist, sind damit Laien gemeint, die sich einem Kloster in Gebetsgemeinschaft und spiritueller Bindung angeschlossen haben, ohne der Gemeinschaft förmlich beigetreten zu sein.

Transitus: Dem Mönch, der sein bisheriges Kloster verlassen hatte, um nun unter der Benediktsregel zu leben, sollte dies dann zugestanden werden, wenn er «zufrieden mit dem ist, was er antrifft», und bereit, sich dem Gesetz der neuen benediktinischen Regel zu unterwerfen (RB 61.2–3). Bat der Mönch eines anderen Klosters um Aufnahme, sollte er zusätzlich ein Empfehlungsschreiben seines vorherigen Abts vorlegen, um Auseinandersetzungen zwischen den Klöstern zu vermeiden, die aus unerlaubten Wechseln hätten resultieren können.

Eintritt: Wer sich aus freien Stücken entschieden hatte, in ein benediktinisches Kloster einzutreten, musste neben der Bereitschaft zu einem Leben in Gehorsam und Demut vor allem Geduld mitbringen. Wie in der älteren Regeltradition üblich, schrieb auch die Benediktsregel vor, dass Eintrittswillige zunächst einige Tage vor der Pforte auszuharren hatten, bevor ihnen der Zutritt zum Kloster gestattet wurde. Auf diese Weise sollten die Entschlossenheit der künftigen Mönche und die Ernsthaftigkeit ihres Vorsatzes auf eine erste Probe gestellt werden. Darüber hinausgehende Beschränkungen des Kreises der Aufnahmewilligen nach sozialen Kriterien wurden nicht aufgestellt. Vielmehr war auch Unfreien das Recht zum Eintritt ausdrücklich zugestanden (RB 2.18–20). Die Fähigkeit zu lesen wurde beim Eintritt in das Kloster zwar implizit vorausgesetzt

(RB 58.20), doch wurde auch Analphabeten die Aufnahme nicht verwehrt.

War die erste Probe an der Pforte bestanden, nahm man die Aspiranten in das Kloster auf – zunächst in den Gästebereich (RB 58.1–4), nach einigen Tagen dann in räumlich separierte Zellen, wo auch die Unterweisung stattfand. Hier sollten sie «lernen, essen und schlafen» (RB 58.5). Die Dauer der Probezeit, der sich jeder Aufnahmewillige zu unterziehen hatte, war durch die Benediktsregel auf ein Jahr festgesetzt. In dieser Zeit hatten die Probanden sich mit dem Leben im Kloster vertraut zu machen. Im Zentrum standen das Erlernen der Liturgie und die Beschäftigung mit der Regel. Dreimal war sie den Novizen während ihres Probejahres vollständig vorzulesen – nach zwei, acht und zwölf Monaten (RB 58.8–13) –, wobei diese ausdrücklich darauf hingewiesen werden sollten, dass es ihnen freistehe, das Kloster wieder zu verlassen. Erkannte ein Novize während der Probezeit, dass er dem klösterlichen Leben nicht gewachsen war, konnte er ohne Konsequenzen gehen. Im Gegenzug stand es auch der Gemeinschaft frei, den Novizen fortzuschicken, wenn sich herausstellte, dass er für das Leben im Kloster nicht geeignet war. Während ihrer Probezeit sollten die Novizen in alle Bereiche des klösterlichen Alltags eingeführt werden, wofür ein Mönch gesondert verantwortlich war: «Ein erfahrener Bruder werde für sie bestimmt, der geeignet ist, Menschen zu gewinnen, und der sich ihrer mit aller Sorgfalt annimmt.» (RB 58.6) Dieser Novizenmeister war für die Dauer der Probezeit zentrale Bezugsperson der Neulinge.

Den förmlichen Abschluss eines solchen mehrschrittigen Aufnahmeverfahrens markierte die Profess – das Ablegen des Gelübdes –, mit dem sich der Kandidat dauerhaft an die Gemeinschaft band. In Form eines feierlichen Ritus vor der gesamten Klostergemeinschaft versprach der Novize «vor Gott und seinen Heiligen» den künftigen Verbleib in der Gemeinschaft (*stabilitas*), einen angemessenen Lebenswandel (*conversatio morum*) und unbedingten Gehorsam (*oboedientia*). Noch im Oratorium fand der Kleiderwechsel des Professen statt, bei dem er ein Gewand erhielt, das ihn künftig als Mönch auszeichnen sollte. Die weltliche Kleidung des neuen Bruders wurde in der Kleiderkammer aufbewahrt, um sie ihm wiedergeben zu können, sollte er sein Gelübde brechen und das Kloster verlassen. Spätestens zum Zeitpunkt der Profess musste der Novize sein Eigentum aufgegeben haben. Zwar zählte Armut – wie auch die Keuschheit – nicht zu den Inhalten des benediktinischen Gelübdes, als sogenannte evangelische Räte (nach Mt 19,12; 19,21; 20,26) waren sie jedoch auch für Benediktiner Maßstab.

Leben im Kloster

Es ist nicht leicht, sich eines jener Klöster des 6. oder 7. Jahrhunderts vorzustellen, in dem nach der Benediktsregel gelebt wurde. Allzu stark ist unser Bild hier von jenen großen Abteien späterer Zeit geprägt, die mit ihren hohen Mauern, mit gewaltigen Kirchen, mit Kreuzgängen, Abtshäusern, Scheunen und vielem mehr eine ganz eigene Formensprache religiöser Architektur prägten. All dies wird es, wenn überhaupt, in einem Kloster des 6. oder 7. Jahrhunderts nur in einer deutlich reduzierten Bauart gegeben haben. Da Vorschriften zur Ordnung von Räumen oder ihrer inneren Struktur fehlten, ist für die Frühzeit generell kaum von festen Formen auszugehen. Nur wenige Räume und Ausstattungsdetails werden in der Benediktsregel überhaupt erwähnt: das *oratorium* als Betraum oder Kirche mit einem Lesepult (*analogium*), ein Schlafraum (*dormitorium*) mit getrennten Betten, ein Speiseraum (*refectorium*) mit Tischen und einem weiteren Lesepult, eine Küche (*coquina*) für die Mönche, eine weitere für den Abt und die Gäste, je separierte Räume für den Pförtner, für die Novizen und für die Kranken, ein Vorratsraum (*cellarium*), eine Kleiderkammer (*vestiarium*), ein Platz für die Bücher (*bibliotheca*). Wenn möglich sollte ein Kloster so angelegt werden, dass Wasserleitungen, Mühlen, Gärten und Werkstätten innerhalb seiner Grenzen liegen konnten, ohne dass gesagt wurde, wie diese Grenzen auszusehen hatten.

Auch in einem weiteren wichtigen Punkt entsprachen Mönche der benediktinischen Frühzeit wohl kaum unseren Vorstellungen: Einen einheitlichen Habit gab es nicht. Zwar erwähnt die

Regel, dass jedem Mönch zwei Tuniken als Untergewand und zwei Kukullen – mehr oder weniger lange Überwürfe – zur Verfügung stehen sollten (RB 55.10), daneben Skapulier – ein Überwurf wohl für die Arbeit – sowie Schuhwerk. Jenseits der Forderung nach Zweckmäßigkeit fehlen jedoch Angaben zu Farbe, Schnitt oder Material. Vielmehr weist die Regel ausdrücklich an, dass die Kleider der Brüder «der Lage und dem Klima ihres Wohnortes entsprechen» sollten (RB 55.1). Novizen trugen zudem während der Probezeit ihre weltliche Kleidung. All dies widerspricht klar unseren Vorstellungen über die einheitliche Kleidung von Religiosen.

Trotz solcher Differenzen im Erscheinungsbild würde man Benediktiner des 7. Jahrhunderts wohl aber auch heute noch erkennen, wenn man ihren Lebensrhythmus in den Blick nimmt, der maßgeblich von zwei Koordinaten bestimmt ist: zum einen von der aus dem 118. Psalm abgeleiteten Verpflichtung zum täglich siebenmaligen Gebet, zum anderen vom römischen System temporaler (auch: biblischer) Stunden, deren Länge unmittelbar von der jahreszeitlich bedingten Dauer von Tag und Nacht abhängt. Sieben Gebetszeiten (Laudes, Prim, Terz, Sext, Non, Vesper und Komplet), die sogenannten Horen, strukturieren den Tag eines Mönchs in immer gleicher Weise. Hinzu kommt ein Gebet in der Nacht, die Vigil. Dieser sich beständig wiederholende Gebetskreislauf ist seinerseits in den größeren Rahmen des liturgischen Kirchenjahres mit seiner ebenfalls zirkulären Struktur eingebunden, wodurch sich das repetitive Moment des klösterlichen Lebens noch weiter verstärkt. Ziel war und ist eine Enthobenheit aus dem Modell einer linearen Zeit und die Antizipation himmlischer Zeitlosigkeit. So wie die Ewigkeit Gottes weder einen Anfang noch ein Ende besitzt, so sollte auch das gemeinschaftliche Leben der Mönche als ein Kontinuum gestaltet sein, das den Einzelnen trotz seines Lebens im Diesseits in die Ewigkeit des Jenseits versetzte: So, wie das Licht ewig brannte, so sollten auch die Gebete der Mönche nie enden, sondern jedes Ende sollte zugleich einen neuen Anfang markieren. In beständiger Wiederholung und nach einem festen Plan sollten die Mönche die Psalmen beten (RB 9–18) und ihre Tage ebenso wie ihre Nächte verbringen. Neben den Gebetsverpflichtungen spielte die Messfeier nur eine geringe Rolle innerhalb der Benediktsregel, was wesentlich damit zusammenhing, dass das Mönchtum in seinen Anfängen eine Laienbewegung darstellte.

Unterbrochen werden durfte dieses andauernde Gebet nur durch die Arbeit, die ihrerseits zu einem Kennzeichen gerade der Benediktiner werden sollte. Nur derjenige sei der Regel zufolge ein Mönch, der von seiner Hände Arbeit lebe (RB 48.8) – auch wenn dieser Zusammenhang in den folgenden Jahrhunderten noch oftmals bestritten wurde. Arbeit war dabei kein sinnstiftender Selbstzweck, sie diente nicht vordergründig wirtschaftlichen Interessen, und selbst der karitative Aspekt – die Möglichkeit, erwirtschaftete Güter zu spenden – trat in den Hintergrund. Ja man kann sagen, dass es weniger um die Arbeit als vielmehr um das Arbeiten ging. Körperliche Arbeit schien dem Verfasser der Benediktsregel – der sich darin in Übereinstimmung mit der Tradition wusste – in erster Linie als asketische Praxis, die den Mönch vor Müßiggang schützte:

> Müßiggang ist ein Feind der Seele. Deshalb sollen sich die Brüder beschäftigen: zu bestimmten Zeiten mit Handarbeit, zu bestimmten anderen Zeiten mit heiliger Lesung. (RB 48.1)

Gerade die oben erwähnte Fähigkeit des Mönchtums, jedes Handeln auch symbolisch zu deuten, führte dazu, dass Arbeit künftig auch anders verstanden werden konnte. Sie war dann nicht mehr nur Ersatzhandlung, mit der Müßiggang und infolgedessen Sünden verhindert werden konnten. Bezugspunkt hierfür war in erster Linie das im Lukasevangelium formulierte Gleichnis von Maria und Martha (Lk 10,38–42), die Besuch von Jesus erhielten und die Zeit seiner Anwesenheit verschieden ausfüllten: Maria, indem sie zu seinen Füßen saß und ihm lauschte, Martha, indem sie sich um den Haushalt und das leibliche Wohl auch Jesu kümmerte. In ihrem jeweiligen Tun wurden die beiden Frauen als Präfigurationen verschiedener Lebensentwürfe gedeutet: Maria für das beschauliche (*vita contemplativa*), Martha für das tätige Leben (*vita activa*). Die

Benediktiner entschieden sich für beides. Zwar ist die berühmte Formel des *Ora et labora!*, des «Bete und arbeite!», erst eine kongeniale Begriffsprägung des Beuroner Abts Maurus Wolter (gest. 1890), doch trifft sie den Geist des benediktinischen Lebensmodells in besonderer Weise. Eine solche Verbindung von Spiritualität und Ökonomie war dabei nicht grundsätzlich neu. Gerade im alten Mönchtum wurde immer wieder auf die doppelte Bedeutung der Arbeit als asketischer Praxis einerseits und unerlässlicher Strategie zur Eigenversorgung andererseits hingewiesen. Dem benediktinischen Mönchtum aber kommt das Verdienst zu, das innovative Potential dieser Verknüpfung von Askese und Subsistenzsicherung auch gesellschaftlich verankert zu haben.

Eine solche ausgewogene Beziehung von Arbeit und Gebet verweist zugleich auf eine Spezifik benediktinischen Lebens, die als Sorge um das rechte Maß umschrieben werden kann. Sowohl im Hinblick auf die Versorgung der Brüder als auch auf ihren Tagesablauf, etwa in Bezug auf Regelverstöße oder Konflikte innerhalb der Gemeinschaft, mahnt die Regel stets ausgleichende Lösungen an, die die Fähigkeiten jedes Einzelnen zu berücksichtigen hatten. Statt Formalismus oder Zwang sollten Billigkeit und Verständnis das klösterliche Leben bestimmen. Bereits im Prolog war leitmotivisch formuliert, dass es nicht Ziel war, «Hartes oder Schweres» zu bestimmen (RB, Prol. 46). Immer musste es darum gehen, das Maß des individuell Nötigen festzulegen. Eben dies erfasst der Leitbegriff der *discretio*, der Regel zufolge die «Mutter aller Tugenden» (RB 64.19).

Diese *discretio* verweist auf einen für den Geist der *Regula Benedicti* zentralen Gedanken, der im Deutschen am ehesten mit «Maßhalten» oder «Begabung zur angemessenen Unterscheidung» wiederzugeben ist. Dabei stellt *discretio* in erster Linie eine Befähigung des Abts dar. Diese gleichsam exklusive Kompetenz ist wesentlicher Legitimationsgrund seiner Amtsgewalt und Voraussetzung seines gerechten Wirkens. Solche Gabe, kraft derer er einem jeden das ihm Zustehende zuweisen kann, hebt ihn nicht nur aus dem Kreis der Brüder heraus, sondern begründet zugleich seine Prädominanz über die Gemeinschaft. Der Abt «ordne alles mit Maß, damit die Starken finden, was sie suchen, und die Schwachen nicht weglaufen» (RB 64.19). Die Regel – dieser Gedanke schwingt wie ein Grundton über dem gesamten Text – ist nicht für die Vollkommenen gedacht. Sie will denen Anleitung geben, die nicht aus sich heraus in der Lage sind, ein heiligmäßiges Leben zu führen. Die Regel kennzeichnet sich selbst dabei als «kurze Regel, die für Anfänger geschrieben ist» (RB 73.8) und verweist die «guten Mönche» auf andere Texte und die Vorbilder der «heiligen Väter». Zu einem solchen Vorbild wurde auch Benedikt.

2. *Vita* und *Regula Benedicti*: Zwei Geschichten, die zusammenwachsen

Benediktiner tragen seit fast anderthalb Jahrtausenden den Namen eines Mannes, über den kaum etwas bekannt ist: Benedikt von Nursia. Alles, was wir über ihn wissen, verdanken wir einem einzigen Text, der mehr als ein halbes Jahrhundert nach den berichteten Ereignissen niedergeschrieben wurde. Papst Gregor der Große (gest. 604) verfasste im ausgehenden 6. Jahrhundert «Vier Bücher über Leben und Wunder der heiligen italischen Väter», die er in Form eines Gesprächs zwischen sich und dem Diakon Petrus, seinem langjährig vertrauten Freund, gestaltete. Darin berichtet Gregor, was er selbst über jene heiligen Männer erfahren hatte, und entwirft dabei Modelle eines mönchisch-asketischen Lebens. Das Idealbild eines solchen Mannes, der sich den Bindungen der Welt zu entziehen weiß, ist jener Benedikt. Freimütig bekennt der Papst, in seinen Schilderungen auch von Ereignissen zu berichten, die er nicht selbst erlebt habe. Formulierungen wie diese haben Zweifel geweckt, ob Gregor tatsächlich über reale Personen berichtet oder doch nur ideale Typen religiösen Lebens entwirft. Eine Antwort auf diese Frage scheint im Falle Benedikts kaum möglich, denn wie gesagt: Alles, was wir wissen, wissen wir ausschließlich von Gregor.

Der Papst verweist in seiner Vita Benedikts auch kurz auf dessen Regel: Sie sei ebenso maßvoll im Inhalt wie klar in der Darstellung; wer das Wesen des Heiligen kennenlernen wolle, der müsse sie lesen: «Der heilige Mann konnte nicht anders lehren als er lebte.» (Dial. II.36) Die Frage, um welchen Text es sich hierbei gehandelt haben könnte, scheint zunächst einfach zu beantworten: eben die unter dem Namen Benedikts von Nursia firmierende Mönchsregel, auf die sich Benediktiner seit Jahrhunderten beziehen. Doch so einfach ist es nicht. So eng verbunden der Mönch Benedikt aus Gregors Dialogen und die Benediktsregel heute sind, so unklar erscheint dieser Zusammenhang, blickt man auf die Frühzeit ihrer jeweiligen Rezeptionsgeschichten.

Die früheste Verknüpfung der Benediktsregel mit der durch Papst Gregor verfassten Vita Benedikts von Nursia begegnet nicht vor dem Beginn des 8. Jahrhunderts: Erst beim angelsächsischen Mönch und Gelehrten Beda Venerabilis (gest. 735) finden sich beide Traditionen verbunden, da er den Benedikt aus Gregors Vita als jenen identifizierte, der besagte Regel verfasst habe. Ein Nachweis für die Identität beider «Benedikte» lässt sich aus der Namensgleichheit allein nicht ableiten – zu typisch ist der Name für die betreffende Zeit, zu unspezifisch sind die Äußerungen des Papstes. Ob der Benedikt der uns bekannten Regel jener ist, den auch Gregor als Verfasser einer Regel einführt, bleibt somit unklar. Evident ist jedoch, dass beide Texte ihre Wirkung gemeinsam entfalteten. Seit dem 8. Jahrhundert wurde die *Regula Benedicti* als Werk jenes Benedikts gelesen und verstanden, über den Papst Gregor berichtet hatte. Benedikt wurde zur Verkörperung seiner Botschaft.

Benedikt von Nursia: Person und Mythos

Gregor dem Großen zufolge wurde Benedikt um 480 in der Gegend von Nursia geboren, dem malerischen Norcia am Fuße der Sybillinischen Berge in Umbrien. Von hier waren es, legt man übliche Wegstrecken vergangener Jahrhunderte von höchstens 30 Kilometern zugrunde, fünf Tagesreisen bis nach Rom, wo er studiert haben soll. Zwar war Rom an der Wende vom 5. zum

6. Jahrhundert nicht mehr Hauptstadt eines Imperiums, aber mit geschätzten 100 000 Einwohnern noch immer eine der größten und prächtigsten Städte jener Zeit. Hierher nun sei Benedikt zum Studium geschickt worden, doch habe er dies beendet, noch bevor es richtig begann. Zu groß schien ihm die Gefahr, dem Laster zu verfallen, statt die Höhen der Wissenschaften zu erklimmen. «Gott allein wollte er gefallen», weiß Gregor zu berichten, weshalb Benedikt Rom wieder verließ: «unwissend, doch erfahren; ungelehrt, aber weise» (lib. II, Prol.). Was hier durchscheint, ist das spätantike Ideal des *puer senex*, des bereits in jungen Jahren mit der Weisheit des Alters gesegneten Heiligen.

Nach seinem Weggang aus Rom habe Benedikt sich zunächst nach Effide, dem heutigen Affile in Latium, zurückgezogen. Er wirkte Wunder, erlangte Ansehen und floh auch von hier wieder, um der Verehrung zu entgehen, die man ihm bereits zuteilwerden ließ. Benedikt, so formuliert es Papst Gregor, «wollte lieber die Drangsale der Welt erfahren als ihr Lob, sich lieber in harter Arbeit für Gott abmühen, als durch Gunst und Erfolg im Leben berühmt werden.» (cap. 1.3) Diese Charakterisierung erwies sich als programmatisch für diejenigen, die ihm als «Benediktiner» in den kommenden Jahrhunderten nachfolgen sollten. Zugleich bringt Gregor damit die für das christliche Mönchtum seit seinen Anfängen prägenden Gedanken der Weltflucht einerseits und der Gottsuche andererseits klar zum Ausdruck.

Benedikts nächste Station war das unweit Affile gelegene Subiaco, wo er die folgenden drei Jahre als Einsiedler in einer Höhle zubrachte. Zwar hatte er zu dieser Zeit alle, die ihm nahestanden, verlassen, zugleich wird in Benedikts Lebensbeschreibung aber immer wieder von seinen Beziehungen zu anderen Asketen berichtet: Von ihnen erhält er Nahrung und seinen ersten Habit. Vor allem aber ist Benedikt nur dank des Besuchs eines göttlich inspirierten Priesters überhaupt in der Lage, das Osterfest zu feiern. Allein – der Text bringt dies klar zum Ausdruck – hätte er es schlicht vergessen. Zur existentiellen Bedeutung des Lebens in Gemeinschaft kommt somit für Benedikt die spirituelle hinzu: Der korrekte Vollzug der Liturgie und die Beachtung des Kirchenjahres, so liest sich aus der Vita, sind erst möglich durch die Unterstützung anderer. Wenn diese für die späteren Benediktiner so wichtigen Elemente ihres klösterlichen Lebens bereits für die Lehr- und Wanderjahre des nachmaligen Stifters hervorgehoben waren, so wurde seine Vita – nicht nur an diesem Punkt – zur Projektionsfläche dessen, was man in folgenden Jahrhunderten als typisch benediktinisch ansah.

Auch in Subiaco stand Benedikt rasch wieder im Ruf der Heiligkeit, an der die Mönche eines nahegelegenen Klosters, wohl das heutige Vicovaro, teilhaben wollten. Inständig drängten sie ihn nach dem Tode des alten Abts, ihr neuer Oberer zu werden. Nur widerwillig habe sich Benedikt hierauf eingelassen, wusste er doch, dass seine Lebensweise nicht zu jener der dortigen Mönche passte. Und so kam es, wie von Benedikt vorhergesehen: Rasch sei man, berichtet Gregor, über die neu verordnete Strenge des klösterlichen Lebens in solchem Maße in Konflikt geraten, dass die Mönche auch vor Mord nicht zurückschreckten. Sie schütteten Gift in seinen Wein, doch Benedikt entging dem Anschlag: Als er – wie gewohnt – das Zeichen des Kreuzes über dem Becher mit dem giftigen Inhalt schlug, sei dieser zerbrochen, und der mörderische Plan war entdeckt.

Nach diesem Erlebnis kehrte Benedikt in seine Höhle zurück, nicht jedoch in die Einsamkeit. Vielmehr hatten sich bereits so viele Gleichgesinnte um ihn versammelt, dass er zwölf Klöster gründen und sie mit je zwölf Mönchen aus dem Kreis seiner Anhänger besetzen konnte. Deutlich scheint hier der literarische Bezug zu den zwölf Aposteln auf. Dass Benedikt jedem dieser Klöster auch einen Abt vorsetzte, ist deshalb bemerkenswert, weil die unter seinem Namen überlieferte Regel das Prinzip der freien Wahl des Abts durch die Klostergemeinschaft vorsieht – aber diese Regel war noch nicht geschrieben. Die Kunde von diesen neuen Klöstern und ihrem Gründer drang bis nach Rom, weshalb vornehme und fromme Bürger ihre Kinder brachten, damit Benedikt sie für Gott erziehe. Angesprochen ist damit jener zeittypische und bis in die Reformationszeit hinein übliche Weg ins Kloster: die Oblation – die Schenkung eines Kindes (siehe S. 18).

Doch war Subiaco noch nicht die letzte Station auf Benedikts mönchischem Lebensweg. Vor den Anfeindungen seiner Neider, hinter denen in Gregors Erzählungen stets der Teufel stand, blieb er auch weiterhin nicht verschont. Üble Nachreden, ja ein erneuter Mordversuch führten schließlich, so Gregor, zu seinem Weggang und einem Neubeginn an dem Ort, der dann zum Inbegriff benediktinischen Lebens überhaupt werden sollte: Montecassino. Hier, mehr als drei Tagesreisen von Subiaco entfernt, gründete er, angeblich im Jahr 529, sein bedeutendstes Kloster, hier verfasste er seine Regel, hier wurde er schließlich begraben.

Das von Benedikt auf einem Gipfelplateau errichtete Kloster wurde zum Zentralort des Benediktinertums. Dieser Status kommt ihm nicht nur in der Beschreibung durch Papst Gregor zu, sondern ist tatsächlich bereits im 8. Jahrhundert greifbar. Heute ist der oberhalb des antiken Cassino gelegene Berg nicht mehr nur Symbol der benediktinischen Geschichte, sondern der europäischen, ja – durch die Zerstörung des Klosters im Frühjahr 1944 – der Weltgeschichte. Hier proklamierte Papst Paul VI. im Jahr 1964 anlässlich der Weihe der wiedererrichteten Kirche Benedikt zum «Patron Europas» und setzte damit einen vorläufigen Höhepunkt in dessen Verehrung.

Als Benedikt nach Montecassino kam, um hier eine neue klösterliche Gemeinschaft zu gründen, fand er, so Papst Gregor, ein altes Apolloheiligtum vor, das er – ganz dem missionarischen Impuls seiner Zeit verpflichtet – zerstörte und mit nun christlichen Symbolorten überformte. Aufschlussreich sind die Patrozinien dieser neuen Gebetsräume: Zum einen wählte er Johannes den Täufer, zum anderen aber Martin von Tours (gest. 397), den gallischen Klostergründer und Mönchsbischof. Auf diese Weise war Benedikt in die Traditionen des östlichen und des westlichen monastischen Erbes gestellt, auf dem aufbauend es ihm zugleich gelang, neue Formen zu entwickeln. Von jenem Kloster des 6. Jahrhunderts haben sich keine Spuren erhalten, wofür nicht allein die Bombardements während des Zweiten Weltkriegs verantwortlich sind. Bereits 577 sei das Kloster durch die Langobarden zerstört worden, weiß der Geschichtsschreiber Paulus Diaconus (gest. ca. 799) – selbst Mönch in Montecassino – im 8. Jahrhundert zu berichten. Eine weitere Vernichtung

Benedikt stirbt aufrecht stehend, gestützt durch zwei seiner Mitbrüder. Seine Hände sind in der sogenannten Orantenhaltung zum Gebet erhoben. Die Illustration entstammt einer der schönsten Handschriften der Benediktsvita Gregors I., die heute im Vatikan aufbewahrt wird.

erfolgte 883 im Zuge der islamischen Eroberungszüge; und ein schweres Erdbeben im Jahr 1349 zerstörte schließlich das, was seitdem wieder aufgebaut worden war.

Es ist nicht viel, was man von Gregor über Benedikt erfährt: Sein Leben verschwindet hinter einer Abfolge von Stationen auf dem Weg zu einem Ziel, das von Anbeginn feststeht: Benedikts Heiligkeit. Der Leser erfährt manches über die Orte, an denen dieser sich aufhielt, ihm wird von Wundern berichtet, die er wirkte, doch der, um den es geht – Benedikt –, bleibt seltsam im Dunkeln. Nichts erfährt man über innere Zweifel, nichts über aufgegebene Ziele, nichts über Irrtümer oder Sehnsüchte außer der einen alles überwölbenden nach Gott.

Ihren Abschluss findet diese Geschichte einer Gottsuche im Tod des Heiligen: Durch seine prophetische Begabung sieht Benedikt Jahr und Tag seines Sterbens voraus und lässt sein Grab bereiten: Aufrecht stehend, gestützt durch seine Schüler sei er mit zum Gebet erhobenen Händen gestorben – ein Motiv, das auf das Vorbild des Mose zurückweist (Ex 17,11 f.) und sich in der Ikonographie Benedikts immer wieder finden wird.

Zwei seiner Gefährten sehen zudem in einer Vision einen hell erleuchteten und mit Teppichen geschmückten Weg, der von Montecassino direkt in den Himmel führt. Er sei, erfahren sie in ihrer Entrückung, Benedikt bereitet, der von Gott besonders geliebt werde. Damit hatte sich in der Vita der Lebenskreis Benedikts geschlossen. Die Geschichte des heiligen Klostergründers aber sollte erst nach seinem Tode wirklich beginnen, als er zum Symbol des Anfangs wurde.

Auf den Spuren der Regel

Einer der Schlüssel zum Verständnis der benediktinischen Erfolgsgeschichte liegt in der durch Papst Gregor entworfenen Figur des Regelverfassers, der eben nicht anders lehren konnte als er lebte (siehe S. 26). Dies gab Spielraum für die Interpretation in beide Richtungen: Mit der Vita ließ sich die Regel und mit der Regel wiederum die Vita deuten. Ob der in Rom lebende Papst die von ihm gepriesene Regel wirklich gelesen hatte, ist jedoch mehr als zweifelhaft. An keiner Stelle seines Werkes zitiert Gregor, der sonst gern Gelesenes in eigene Schriften einfließen lässt, aus ihr. Das Schweigen des Papstes war so beredt, dass sich daraus eine ganze Textgeschichte ableiten ließ.

Der Text der Regel, wie er heute, aber auch schon in den ältesten Handschriften vorliegt, ist über einen gewissen Zeitraum hinweg entstanden. Im Laufe dieser Bearbeitung wurde ein ursprünglicher Kern durch weitere Kapitel und Einschübe ergänzt (sicher: Kap. 67–73, wahrscheinlich: Kap. 8–20). Hierfür stand dem Verfasser ein reicher Fundus an Literatur zur Verfügung, aus dem er schöpfen konnte: Spuren älterer Regeln sind ebenso nachweisbar wie Texte der Kirchenväter; vor allem aber ist die Benediktsregel durch ein dichtes Netz von Zitaten und Bezügen auf die Bücher des Alten wie des Neuen Testaments gekennzeichnet. Neben der Bibel ist als wichtigste Quelle auf die sogenannte Magisterregel zu verweisen – eine in den ersten Jahrzehnten des 6. Jahrhunderts wohl im römischen Umfeld niedergeschriebene Mönchsregel. Von dieser umfangreichsten aller bekannten Regeln übernahm der Verfasser der Benediktsregel die ersten sieben Kapitel, doch auch darüber hinaus weisen beide Texte zahlreiche Parallelen auf. Die lange kontrovers diskutierte Frage nach der zeitlichen Priorität des einen oder anderen Texts ist mittlerweile zugunsten der Magisterregel beantwortet.

Es ist nicht immer einfach, die Gründe für Erfolg oder Misserfolg eines Texts zu benennen. Aus moderner Perspektive besaß die Benediktsregel beste Voraussetzungen für eine Karriere als monastischer Leittext – sie war maßvoll in der Strenge, sie war umfassend im Inhalt und sie war nicht an einen konkreten Ort gebunden. Dennoch blieb der Durchbruch zunächst aus. Schenkt man Paulus Diaconus, dem Mönch und Geschichtsschreiber der zweiten Hälfte des 8. Jahrhunderts, Glauben, endete das benediktinische Experiment zunächst im Jahr 577. Die Mönche von Montecassino seien nach Rom geflohen und hätten – wie man wiederum im ausgehenden 11. Jahrhundert zu wissen meinte – nahe beim Lateran ihr neues Kloster errichtet. Dabei hätten sie auch das Autograph der Regel gerettet, als sie es auf ihrer Flucht vor der Zerstörung des Klosters durch die Langobarden mitnahmen. Dieses Urexemplar sei in Rom verblieben, bis es nach der Wiederansiedlung des Konvents in Montecassino im 2. Jahrzehnt des 8. Jahrhunderts dorthin zurückgebracht wurde. Als die Cassinenser Mönche angesichts von sarazenischen Angriffen ihr Kloster erneut verlassen mussten und ins kampanische Teano flohen, hätten sie wieder den Urtext mitgenommen, um ihn auf diese Weise ein weiteres Mal zu retten. Dort sei er jedoch im Jahr 896 bei einem Brand vernichtet worden. Soweit die Tradition.

Es spricht nicht viel dafür, dass hier tatsächlich die von jenem Benedikt verfertigte Handschrift verbrannte. Neben den bereits zuvor genannten Unsicherheiten der benediktinischen Frühgeschichte ist es vor allem die behauptete römische Phase, die Zweifel weckt. Aus dem 6. oder 7. Jahrhundert sind für den italischen Raum insgesamt keine Hinweise auf benediktinisches Leben bekannt. Eine Verbindung Benedikts oder auch nur seiner Regel nach Rom sind weder für das 6. noch für das 7. Jahrhundert belegt. Auch wenn die Regel selbst bereits früh als «römisch» galt, sind benediktinische Spuren, welcher Art auch immer, in Rom für diese Zeit nicht nachweisbar. Sicher ist vielmehr, dass Einfluss und Ansehen der *Regula Benedicti* zunächst weder von Rom noch von Montecassino ausgingen.

Entsprechende Zeugnisse stammen dagegen aus dem merowingischen Gallien. Sie belegen jedoch zunächst nicht mehr als den Umstand, dass die Regel Benedikts in Umlauf war – als Quelle anderer Regeln ebenso wie als Text, über den geschrieben wurde und der Erwähnung fand. Kein überzeugender Hinweis spricht jedoch für die alleinige und ausschließliche Befolgung der *Regula Benedicti*. Von «Benediktinern» fehlt mithin jede Spur. Zwar suggeriert der Brief eines gewissen Venerandus an Constantius, den Bischof von Albi (gest. 647?), ein Leben nach der Benediktsregel im aquitanischen Kloster Altaripa (Hauterive) bereits für die erste Hälfte des 7. Jahrhunderts, doch ist gerade die Unbedingtheit, mit der hier die Befolgung der Regel angemahnt wird, höchst ungewöhnlich für die Zeit, und der Befund erscheint als solcher bis zur Mitte des 8. Jahrhunderts singulär. Da der Brief selbst erst in einer Kopie des ausgehenden 15. Jahrhunderts überliefert ist, müssen die meisten Fragen offenbleiben, zumal auch keine von Altaripa ausgehende Verbreitung der Benediktsregel nachweisbar ist.

Andere Zeugnisse bestätigen jedoch, dass diese wirkmächtigste aller Klosterregeln tatsächlich Verbreitung im Frankenreich des 7. Jahrhunderts erlangt hatte. Briefe und Urkunden, die eine Präsenz der Benediktsregel nahelegen, sind zwar überwiegend in Form später entstandener Abschriften überliefert, doch spricht viel für eine gewisse Bekanntheit des Texts. Als bedeutendster Ausgangspunkt ihrer Verbreitung gilt Kloster Luxeuil in den Vogesen, das um 590 von Columban (gest. 615), dem wohl einflussreichsten unter den irischen Wandermönchen und Missionaren seiner Zeit, gegründet wurde. Luxeuil entwickelte sich rasch zum wichtigsten Zentrum des irofränkischen Mönchtums im Frankenreich. Ihren Siegeszug trat die Benediktsregel dabei jedoch noch nicht in der heute bekannten Form als ein selbständiger Text an, sondern in Kombination mit anderen monastischen Normtexten, als sogenannte «Mischregel».

Hierbei handelt es sich um Arrangements verschiedener älterer Regeln zu einem neuen Ganzen, dem jedoch oft nur lokal und zeitlich begrenzte Geltung beschieden war.

Außergewöhnlich einflussreich war hingegen die Verbindung der Regel Benedikts mit jener des Columban, die um die Mitte des 7. Jahrhunderts im Kloster Luxeuil Geltung besessen haben soll. Unter tatkräftiger Mitwirkung der fränkischen Aristokratie scheint dieser Mischtext im 7. und 8. Jahrhundert im gesamten Herrschaftsbereich der Merowinger Bekanntheit erlangt zu haben – überliefert ist er freilich nicht. Als wichtige Knotenpunkte im Netzwerk seiner Verbreitung fungierten vor allem solche Klöster, die entweder selbst von Luxeuil gegründet worden waren oder aber in denen Mönche dieses Klosters lebten. Welcher Anteil der Benediktsregel bei dieser Mischobservanz zukam, bleibt mangels textlicher Zeugnisse unklar. Albrecht Diem hat unlängst darauf hingewiesen, dass sich der benediktinische Beitrag zu dieser *Regula Benedicti et Columbani* möglicherweise nur auf das 64. Kapitel beschränkt haben könnte, in dem die freie Abtswahl durch die klösterliche Gemeinschaft geregelt wird. Hierbei handelte es sich in der Tat um eine innerhalb der zeitgenössischen monastischen Kultur außergewöhnliche Bestimmung, die als ein Spezifikum des benediktinischen Modells angesehen werden kann. Wie auch immer, man kannte die Benediktsregel im gallischen Raum. Ihre Ausbreitung – selbst wenn es nur die Ausbreitung einzelner Passagen war – erfolgte ganz offensichtlich zusammen mit der Verbreitung des irofränkischen Mönchtums.

Die ältesten bekannten Rezeptionsspuren der Regel Benedikts liegen in Gestalt von Mischregeln vor: So hat die zur Mitte des 7. Jahrhunderts entstandene *Regula Donati*, eine von Bischof Donatus von Besançon (gest. vor 660) verfasste Regel für Jungfrauen drei Grundlagen: die ältere Jungfrauenregel des Erzbischofs Caesarius von Arles (gest. 542), die Regel Columbans und – hauptsächlich – diejenige Benedikts. Der Verfasser der ebenfalls im columbanischen Mönchtum entstandenen *Regula cuiusdam ad virgines*, einer weiteren Jungfrauenregel, orientierte sich am Gerüst der *Regula Benedicti* und schrieb gleichsam eine neue Regel über Benedikts Text, die sich dabei spirituell und in ihrem Gemeinschaftsideal stark von diesem unterschied. *Regula Donati* und *Regula cuiusdam ad virgines* belegen die Präsenz der Benediktsregel im Frankenreich. Sie zeigen, dass diese als eine Autorität neben anderen anerkannt war, und werfen zugleich ein Licht auf die bestehenden Möglichkeiten, mit dem Text umzugehen: Obwohl ursprünglich als normative Grundlage eines Männerklosters abgefasst, war die *Regula Benedicti* auch für Übertragungen in andere institutionelle Zusammenhänge geeignet, schließlich stammen ihre ältesten Textspuren aus Frauenklöstern. Auf diese Übertragbarkeit wird zurückzukommen sein.

Ausgehend von Gallien und nicht vom italischen Raum verbreitete sich die Kenntnis der Benediktsregel in England. Von hier stammt auch die älteste überlieferte Handschrift des Texts, die zu Beginn des 8. Jahrhunderts entstand (Oxford, MS Hatton 48). Unklar ist, auf welchem Weg die Kenntnis der Benediktsregel dorthin gelangte; wahrscheinlich brachten englische Mönche den Text von Reisen auf den Kontinent mit. So wird über Wilfrid (gest. 709), den späteren Bischof von York, berichtet, dass er nicht nur in seiner Klostergründung Ripon die Benediktsregel eingeführt habe, sondern in ganz Northumbrien. Gemeinsam mit dem Gründer der Klöster Wearmouth und Jarrow, Benedict Biscop (gest. ca. 690), war Wilfrid nach Rom gereist und hatte auch zahlreiche Klöster des Frankenreichs besucht. Es spricht viel dafür, dass sie bei diesen Gelegenheiten neben Reliquien und Schriften, von denen Wilfrids Biograph berichtet, auch die Benediktsregel mit nach England brachten. Gerade Northumbrien scheint sich in dieser Zeit zu einem benediktinischen Hotspot entwickelt zu haben. So erhielt auch Beda Venerabilis, Mönch, Theologe und Geschichtsschreiber, seine Erziehung und Ausbildung in Wearmouth. Unterrichtet wurde er nicht nur vom eben erwähnten Benedict Biscop, sondern auch von einem Mönch aus Kloster Ripon – Ceolfrid (gest. 716), später Abt von Wearmouth und Jarrow –, der also ebenfalls mit der Benediktsregel vertraut war. Beda wiederum war es – darauf wurde bereits verwiesen –, der in seinem Werk den Verfasser der

Benediktsregel und den Protagonisten der Benediktsvita erstmals zu einer Person verschmelzen ließ. Das Benediktinische gewinnt hier also deutlich Konturen.

Ganz anders die Situation in Italien – Gregor dem Großen zufolge die Heimat des Mönchsvaters. Spuren benediktinischen Lebens fehlen hier völlig: Montecassino war 577 zerstört worden, und es sind keine Anstrengungen bekannt, hier neues klösterliches Leben zu beginnen. Auch Subiaco, der zweite benediktinische Zentralort, verschwindet bis ins 9. Jahrhundert hinein aus der Wahrnehmung. Ja mehr noch: Das, was an Spuren der Frühzeit verblieben war, sei nun sogar an neue Orte im Frankenreich gebracht worden, berichtet Paulus Diaconus – wieder aus der Distanz eines Jahrhunderts. So seien Franken aus dem Gebiet von Le Mans oder Orléans gekommen und hätten die Gebeine sowohl des heiligen Benedikts als auch seiner Schwester Scholastika geraubt, die Gregor dem Großen zufolge beide in Montecassino bestattet worden waren. Auch andere Quellen berichten von einer Überführung der Reliquien in der zweiten Hälfte des 7. Jahrhunderts. Ob diese Ereignisse historisch sind oder nicht, auch hier waren wieder die Folgen entscheidend: So musste Montecassino künftig mit dem angenommenen Makel leben, dass die Gebeine des Gründers an anderem Ort lagen, zugleich aber erfuhr dieser «andere Ort» – das in der Mitte des 7. Jahrhunderts gegründete Kloster Fleury an der Loire – einen ungeahnten Aufschwung. Unter dem neuen Namen St-Benoît-sur-Loire sollte die Abtei rasch – unter der schützenden Hand Benedikts, dessen war man gewiss – zu einem der mächtigsten und auch intellektuell einflussreichsten Klöster des Frankenreichs werden. Fleury bzw. St-Benoît-sur-Loire steht somit am Beginn einer rasant zunehmenden Benediktsverehrung. Diese zunächst noch ganz auf den «bescheidenen Provinzabt» (A. de Vogüé) aus Gregors Vita fokussierte Begeisterung sollte in der Folge noch weiter anwachsen, als man ihn mit dem Verfasser der Benediktsregel identifizierte.

3. Der Weg zum benediktinischen Monopol (8./9. Jahrhundert)

Zu den bereits angesprochenen Auffälligkeiten benediktinischer Geschichte zählt die in dem Brief des Venerandus an den Bischof von Albi erstmals begegnende Bezeichnung Benedikts als «römischer Abt». Eine solche Charakterisierung ist weder durch die Benediktsvita noch durch den Regeltext nahegelegt, die beide keinerlei Zeichen einer Romorientierung enthalten. Mit dennoch häufig anzutreffenden Formulierungen wie *Benedictus abbas Romensis* oder *regula sancti Benedicti abbatis Romensis* sollte wohl eher eine normative Verbindlichkeit der Regel zum Ausdruck gebracht werden als eine unmittelbare Beziehung ihres Urhebers zur Kirche von Rom.

Der bereits mehrfach erwähnte Cassinenser Mönch Paulus Diaconus jedoch berichtet innerhalb seiner «Geschichte der Langobarden» von einem im 8. Jahrhundert tatsächlich nachweisbaren päpstlichen Engagement für ein Mönchtum benediktinischer Prägung: Als der Brescianer Bürger Petronax (gest. 749/50) wohl um das Jahr 718 mit dem Vorsatz, ein Kloster zu gründen, nach Rom gekommen sei, habe ihn Papst Gregor II. (gest. 731) auf den Monte Cassino verwiesen, damit er dort das einstige Kloster wiedererrichte. Der Bericht des Chronisten erweckt nicht den Eindruck, als habe Petronax anfänglich dorthin gewollt. Unklar bleibt zudem, warum der Papst ausgerechnet Petronax die Aufgabe übertrug, Montecassino neu zu besiedeln. Sicher scheint aber, dass die Erneuerung ganz wesentlich auf die Initiative Gregors II. zurückgeht, der damit programmatisch an seinen Namenspatron und Benediktsverehrer Gregor I., den Großen, anschloss. Mit dem Bezug auf diesen Papst stand auch die von ihm verfasste Vita und damit zunächst jener Benedikt im Vordergrund, der Montecassino einst errichtet hatte.

Neubeginn in Montecassino

Auf dem Berg Benedikts begann sich neues klösterliches Leben zu entwickeln, und Petronax wurde schon bald zum Abt des Klosters gewählt. Paulus Diaconus zufolge erlangte Montecassino nach seiner Wiedereinrichtung rasch den Rang eines bekannten und verehrten monastischen Zentrums. Zahlreiche Mönche hätten sich auf den Weg gemacht, um dort die ur-benediktinische Lebensordnung kennenzulernen und auch nördlich der Alpen zu verbreiten. Diese Reisen sind auch andernorts bezeugt, so dass man tatsächlich bereits in der ersten Hälfte des 8. Jahrhunderts eine überregionale Bekanntheit des Klosters annehmen kann.

Welche Regel unter Petronax' Leitung in jenem zweiten Montecassino zunächst befolgt wurde, wissen wir nicht. Dass es die Benediktsregel war, kann zumindest bezweifelt werden – kein Hinweis deutet auf ihre Präsenz oder auch nur ihre Kenntnis im italischen Raum dieser Zeit hin. Unbekannt bleibt zudem, was ein Reisender vorfand, der sich aufmachte, den Berg Benedikts zu besteigen. Eine Abtei – vergleichbar der heute bestehenden – war es sicher nicht. Einer der prominentesten unter den frühen Besuchern war der spätere Eichstätter Bischof Willibald (gest. 787/8), der von 729 bis 739 in Montecassino weilte. Willibald war als Kind dem Kloster Waltham übergeben worden und kannte die benediktinisch geprägte monastische Kultur Englands somit aus eigener Erfahrung. Auf dem Rückweg von einer langjährigen Pilgerreise ins Heilige Land und nach Rom führte ihn sein Weg auch nach Montecassino. Paulus Diaconus zufolge kam er, um zu lernen. Schenkt man hingegen der nachmaligen Eichstätter Nonne Hugeburc Glauben, die dem engeren familiären Umfeld Willibalds angehörte, so hätten vielmehr die Cassinenser Mönche von dem Pilger gelernt: Als Willibald nämlich nach Montecassino kam, habe er dort nur eine kleine Gruppe von Mönchen unter ihrem Abt Petronax vorgefunden und diese während der folgenden zehn Jahre in der Befolgung der Benediktsregel unterwiesen. Ob wirklich Willibald die Benediktsregel nach Montecassino brachte, wird nicht zu klären sein – von der Hand zu weisen ist diese These Albrecht Diems jedoch nicht. Wahrscheinlich ist in jedem Fall, dass auch der Engländer Willibald – wie Beda – den in Montecassino verehrten Benedikt aus Gregors Vita mit dem Regelverfasser Benedikt zu jener Einheit verschmolz, die das künftige Benediktinertum prägen sollte.

Doch setzte sich in der ersten Hälfte des 8. Jahrhunderts nicht allein eine an der Regel orientierte Lebenspraxis in Montecassino durch, auch der Text der Regel selbst trat wieder aus dem Dunkel: Wie Paulus Diaconus berichtet, hatte Papst Zacharias (gest. 752) der jungen Gemeinschaft in Montecassino neben einigen Utensilien aus dem Besitz Benedikts, die von den flüchtenden Mönchen im Jahr 577 nach Rom verbracht worden waren, auch jenes Exemplar der Regel zurückgegeben, das man für den Autographen des Gründers hielt. Dass Letzteres historisch mehr als fraglich ist, wurde schon angesprochen. In der Wahrnehmung nachfolgender Generationen musste dieser vermeintlichen Übergabe des Regelcodex jedoch höchste Bedeutung zukommen, waren doch nun der heilige Abt Benedikt – verkörpert in seiner Gründung – und die unter gleichem Namen firmierende Regel – verkörpert im Urexemplar – erstmals in symbolischer Verdichtung vereint. Montecassino war zur Klammer bislang getrennter Traditionen geworden, die den heiligen Abt Benedikt und die heilige Regel verband. Was nun noch fehlte, waren die angeblich nach Fleury verbrachten Gebeine des Gründers.

Förderung durch die Karolinger

Wieder war es Papst Zacharias, der hier initiativ wurde und Karlmann (gest. 754), den Bruder des 751/2 inthronisierten karolingischen Frankenkönigs Pippin (gest. 768) mit einem Schreiben nach Fleury sandte, um von dort die Rückgabe der Reliquien zu erbitten. Auch wenn das Engagement der neuen fränkischen Herrscherfamilie in diesem Fall nur wenig Erfolg hatte, war ihr Einsatz für das benediktinische Mönchtum an anderer Stelle von allergrößter und vor allem nachhaltiger Wirkung. Der anschließende Siegeszug der Benediktsregel in Europa ist ohne das entschiedene und langjährige Engagement der Karolinger nicht vorstellbar.

Noch keine nennenswerten Folgen hatte es, als das im Jahr 742/3 unter Vorsitz von Karlmann und Bonifatius (gest. 755) abgehaltene *Concilium Germanicum* die *Regula Benedicti* zur alleinigen Mönchsregel im Herrschaftsbereich der Merowinger erklärte. Vor dem Hintergrund nachfolgender ähnlicher Beschlüsse erscheint dieses Bemühen weit weniger außergewöhnlich, als es eigentlich ist. Warum aber, so kann man fragen, entschieden sich die karolingischen Reformer zur Vereinheitlichung des Mönchtums im Frankenreich ausgerechnet für einen Regeltext, der seine Entstehung den spezifischen Umständen einer kulturellen Umbruchszeit im Anschluss an den Untergang des Römischen Reichs verdankte? Die unter den Karolingern entstandenen umfangreichen Regelkommentare des Smaragd von Saint-Mihiel (gest. 830) und des Hildemar von Corbie (gest. ca. 850) verweisen auf die Erklärungsbedürftigkeit des schon alten Textes.

Zur Beantwortung der Frage ist wohl in erster Linie auf die Person des Bonifatius zu verweisen. Wie Willibald zählte auch er zum Kreis jener Engländer, die bereits in ihrer Kindheit als Oblaten mit der Regel Benedikts in Kontakt gekommen waren. Ihr Wissen zu diesem Text und zu einem Leben nach der darin entworfenen Norm brachten sie als Missionare und Klostergründer mit auf den Kontinent. Wenn auch unklar bleibt, welcher Observanz Bonifatius' frühe Klostergründungen wie Amöneburg oder Fritzlar zugehörten, so kann doch spätestens für das 744 durch seinen Schüler Sturmius (gest. 779) gegründete Fulda als sicher gelten, dass hier fast von Beginn an die Benediktsregel befolgt wurde. Hinzu kommt eine ausgeprägte Romorientierung der Karolinger, für die eine als «römisch» geltende Regel des für «römisch» gehaltenen Abts Benedikt aufs Beste in das eigene Reformprogramm passen musste.

Zwar blieb die Entscheidung des *Concilium* von 742/43 noch weitgehend folgenlos, doch begann damit eine Serie von Einflussnahmen der seit 751 allein regierenden Karolinger auf die Entwicklung des klösterlichen Lebens im Frankenreich. Karl der

Große (gest. 814) schließlich ließ im Zuge seiner breit angelegten Reformbemühungen eine Abschrift des in Montecassino aufbewahrten Texts der Regel anfertigen, den man für das Urexemplar hielt. Sie ist unter dem Namen «Aachener Normalexemplar» bekannt und sollte künftig als Muster für alle Klöster in Karls Herrschaftsgebiet dienen. Eine im ersten Drittel des 9. Jahrhunderts in St. Gallen entstandene Kopie dieses «Normalexemplars» befindet sich noch heute in der Stiftsbibliothek der ehemaligen Abtei (Cod. Sang. 914). Da die Vorlage – das vermeintliche Autograph Benedikts von Nursia – im Jahr 896 verbrannte, stellt die St. Galler Handschrift nicht nur eine der ältesten Regelhandschriften überhaupt dar, sondern zugleich diejenige, die nach benediktinischer Tradition als nächste zum Urtext gilt.

Deutlich langsamer als vielfach angenommen vollzog sich aber die Verbreitung des nach 787 als Referenz besorgten «Normalexemplars». Wirklichen Einfluss gewann diese Textfassung erst, nachdem die Benediktsregel durch das Aachener Konzil im Jahr 816 erneut und diesmal tatsächlich wirksam als allgemeinverbindlich erklärt worden war. Den Hintergrund dieses Beschlusses bildete zunächst die Scheidung aller Religiosen in Kanoniker – gemeinschaftlich lebende Kleriker einer Kathedral- oder Stiftskirche – auf der einen und Mönche auf der anderen Seite. Als mönchisches Leben aber sollte künftig ausschließlich ein Leben in Befolgung der Benediktsregel gelten. Damit trat auch im Bereich der geistlichen Lebensformen jenes Bemühen um Vereindeutigung zum Vorschein, das Entscheide der karolingischen Konzilien generell auszeichnet. Die maßgeblich durch Benedikt von Aniane (gest. 821) vorangetriebene Durchsetzung der Regel – dafür wurde der Begriff Anianische Reform üblich –, markiert dabei den Höhepunkt eines Prozesses zunehmender «Benediktinisierung» im fränkischen Mönchtum. In kluger Weise stellte dieser «zweite Benedikt» eine Sammlung aller bekannten Regeltexte (*Codex regularum*) zusammen, um dann in einem weiteren Schritt durch den synoptischen Vergleich der einzelnen Bestimmungen in den verschiedenen Regeln (*Concordia regularum*) umso besser aufzeigen zu können, wie vorzüglich die Regel des «ersten» Benedikts sei.

Nonne oder Mönch zu sein bedeutete nun fast immer, nach der Benediktsregel zu leben. Keine andere Regel erlangte jemals wieder eine derart breite Geltung. Ihr Siegeszug scheint undenkbar ohne die Unterstützung vonseiten der karolingischen Herrscher. Mit ihnen begann ein Zeitalter der Dominanz des Benediktinertums, das bis zum Auftreten der Bettelorden am Beginn des 13. Jahrhunderts andauern sollte. Benediktinische Klöster wurden Stützpunkte der Mission, von denen aus weite Teile des fränkischen Landes und der eroberten Territorien christianisiert wurden. Sie waren administrative Zentren und leisteten Königsdienst (*servitium regis*). Ihre Schulen fungierten als Zentren der Bildung, und wir verdanken ihnen die Überlieferung großer Teile des literarischen Erbes der Antike.

Auch die Zahl der Klöster wuchs durch Förderung von vielen Seiten. Insbesondere die der Männer entwickelten sich zu Großabteien mit beeindruckenden Konventsstärken von nicht selten 100 oder 150 Brüdern. In Fulda lebten im letzten Drittel des 8. Jahrhunderts ungefähr 400 Mönche, in der ersten Hälfte des 9. stieg ihre Zahl bereits auf mehr als 600. In Corbie legte Abt Adalhard (gest. 826) seinen wirtschaftlichen Planungen eine Zahl von 400 Mönchen zugrunde. Um diese gewaltigen Konvente versorgen zu können, war eine komplexe und arbeitsteilige Organisation ihrer Wirtschaft unerlässlich. Die sich in dieser Zeit entwickelnden klösterlichen Grundherrschaften sicherten mit ihren Erträgen nicht allein die materielle Versorgung der Nonnen oder Mönche, sie garantierten zugleich auch das von der Regel vorgeschriebene karitative Wirken der Klöster in Form der Speisung von Gästen. Es liegt auf der Hand, dass sich diese Herausforderungen nicht innerhalb der wenigen von der Regel genannten Räumlichkeiten bewältigen ließen. Die Leerstellen des Textes wurden durch jene Raumordnungen gefüllt, die noch heute musterhaft für klösterliche Architektur stehen. Einen guten Eindruck von dieser neuen und funktionalen Gestaltung der Klöster vermittelt der zwischen 820 und 830 entstandene St. Galler Klosterplan (siehe hintere Umschlaginnenseite).

Eine solche Entwicklung war für die Klöster ambivalent, sie hatte ihren Preis: Stärker als je zuvor wurde das nun so mächtige Religiosentum in Aufgaben gedrängt, die seinen Leitideen im besten Fall nicht entsprachen, im schlechteren zuwiderliefen. Die Sorge um das Diesseits drohte die um das Jenseits zu überlagern. Zugleich begann mit dem 8. Jahrhundert aber auch eine Klerikalisierung des ursprünglich von Laien getragenen Benediktinertums, in dem Priester bisher eine Minderheit gebildet hatten. Hintergrund dieser Entwicklung war dabei aber nicht, wie man meinen könnte, eine stärkere Einbindung der Mönche in die Seelsorge, sondern der Gedanke, dass man Gott näher sei, wenn man ihm auch das Messopfer im priesterlichen Dienst bringen könne.

Um die klösterlichen Gemeinschaften von übermäßiger Einbindung in weltliche Angelegenheiten zu entlasten, griff man verstärkt auf das Instrument der Vogtei zurück: Ein Beauftragter, der sogenannte Vogt (von lat. *advocatus*), wurde bestimmt, der das Kloster in allen wirtschaftlichen oder rechtlichen Angelegenheiten nach außen hin vertreten sollte. Dies bot den Konventen einerseits die Chance, sich auf die geistlichen Seiten des Klosterlebens zu konzentrieren, eröffnete jedoch zugleich den Vögten – zumal wenn das Amt erblich wurde – umfangreiche Eingriffsmöglichkeiten in den Konvent und seinen Besitz.

Die vor allem durch die Karolinger vorangetriebene Aufwertung der Benediktsregel ging mit einer symbolischen Erhöhung Montecassinos einher, die ihren sichtbarsten Ausdruck in einem nicht mehr abreißenden Strom von Besuchern hatte. Willibald, Bonifatius und Sturmius wurden bereits genannt. Liudger (gest. 809), nachmalig erster Bischof von Münster und Gründer des Klosters Werden, habe zwei Jahre in Montecassino zugebracht, um die Regel Benedikts zu studieren, ja sie später sogar eigenhändig abgeschrieben. Von Adalhard, dem Abt von Corbie, wusste sein Amtsnachfolger Paschasius Radpertus (gest. ca. 865) zu berichten, dass dieser den Klosterberg als «Quelle und Ursprung der benediktinischen Ordnung» ansah. Im Auftrag Karls des Großen war Theoderich, einer seiner Verwandten und Heerführer, auf dem Monte Cassino, um die Brüder über ihre Bräuche zu befragen, besonders über solche, zu denen in der Regel selbst keine Angaben enthalten waren.

Wofür sich die Besucher aus dem Norden vor allem interessierten, war die Unterweisung in der – wie sie meinten – authentisch-benediktinischen Lebensweise. Neben die eine Regel (*una regula*) sollte die eine Lebenspraxis, die eine Gewohnheit (*una consuetudo*) treten. Es gab ein erkennbares Bedürfnis nach der reinen und ursprünglichen Lehre, die man in Montecassino zu finden glaubte. Dass gerade dieser Ort lange wüst lag und folglich eine vergleichsweise junge Tradition in der Befolgung der Benediktsregel besaß, schien niemanden zu stören. Dabei verwies die neu gewonnene Attraktivität Montecassinos ja gerade auf den Umstand, dass es möglich war, ein regelgerechtes Leben in durchaus verschiedener Art und Weise und in Abhängigkeit von den lokalen Gegebenheiten zu gestalten. Die Geltung der Regel war an keinen konkreten Ort gebunden, ja die Möglichkeit einer Übertragbarkeit fand sich sogar ausdrücklich formuliert (RB 35.4; 40.5, 8; 48.7; 55.1–2; 73.1). Der Blick auf die geschichtliche Entwicklung beweist, dass sich diese Flexibilität als Vorteil erwies. Zugleich erwuchsen aus ihr auch nicht wenige Herausforderungen, führte die Befolgung der Regel an verschiedenen Orten doch notwendig auch zu einer Verschiedenheit in der Lebenspraxis – keineswegs in grundsätzlichen Fragen, wohl aber in den zahllosen Details, die ungeregelt blieben, weil der Text hier keine Vorgaben machte.

Zwei Wege etablierten sich, um mit dieser Herausforderung umzugehen: die Auslegung der Regel durch umfangreiche Kommentare und – das Beispiel Montecassino wurde genannt – die Entwicklung lokaler Gewohnheiten, verschriftlicht in Form von Gebräuchebüchern, sogenannter *Consuetudines*. Darin wurden Leerstellen der Regel gefüllt und unklare Bestimmungen präzisiert. Nimmt man die Zahl der bekannten und überlieferten *Consuetudines* oder Regelkommentare als Maßstab, bestand großer Bedarf an solchen erläuternden und explizierenden Texten. Die Art des Umgangs mit dem durch die Regel vorgeschriebenen Normgerüst wurde zum Differenzmarker zwischen den Klöstern. Es entwickelten sich eigene und durchaus verschiedene Weisen, benediktinisch zu leben.

4. Cluny, das «Licht der Welt» (ab 910)

Von England abgesehen, das seine benediktinische Prägung bereits zuvor erfahren hatte, markierten die Grenzen des Frankenreichs zugleich auch die Grenzen benediktinischer Präsenz. Weite Teile des Mittelmeerraums einschließlich der Iberischen Halbinsel waren seit den arabischen Eroberungen islamisch besetzt. Trotz einer (wenn auch mit Einschränkungen) weiter geduldeten christlichen Kultur ist benediktinisches Mönchtum hier ebenso wenig nachweisbar wie im byzantinischen Ostteil des ehemaligen Römischen Reichs. Seine Bindung an die fränkischen Könige und Kaiser hatte Folgen: Mit dem Niedergang der karolingischen Herrschaft seit der zweiten Hälfte des 9. Jahrhunderts kam es zu einer spürbaren Abkehr nicht weniger Klöster vom Anianischen Reformprogramm. Zunehmend verlor sich das Ideal eines einheitlichen Mönchtums, das *einer* Regel und *einer* Gewohnheit folgte. Zudem wurden europaweit nicht nur geistliche Einrichtungen durch wiederholte Einfälle von Normannen, Ungarn und Arabern schwer zerstört. In zahlreichen fränkischen Großabteien, nicht nur in Montecassino, kam das klösterliche Leben vollständig zum Erliegen. Die Entstehung neuer Herrschaften in den verschiedenen Territorien ging jedoch mit der Etablierung neuer Varianten des Benediktinischen einher, die in ihrer Fülle einen Höhepunkt klösterlicher Kultur markieren.

Experiment mit offenem Ausgang

Als Herzog Wilhelm von Aquitanien (gest. 918), genannt der Fromme, im Jahr 910 auf seinen Besitzungen im Mâconnais das Kloster Cluny gründete, war dessen überaus erfolgreiche Entwicklung alles andere als vorhersehbar. Cluny war ein Experiment mit offenem Ausgang. Der mit dem Niedergang der karolingischen Herrschaft schwindende Einfluss einer Zentralgewalt, fortdauernde Überfälle vor allem durch Normannen, die plündernd durch das westfränkische Reich zogen und dabei insbesondere auch Klöster heimsuchten, ein von stadtrömischen Adelskonflikten absorbiertes Papsttum, das fast keinen überregionalen Einfluss besaß – die äußeren Umstände für eine erfolgreiche Klostergründung schienen während des 10. Jahrhunderts alles andere als günstig. Und doch wurden gerade in dieser Zeit Klöster für Frauen und Männer gestiftet, die sich aus heutiger Perspektive als außerordentlich erfolgreich zeigen sollten: Neben Cluny ist auf Brogne nahe Charleroi in Belgien, auf Gorze in der Nähe von Metz, auf Remiremont in den Vogesen, auf Mont-St-Michel vor der normannischen Küste, auf das schweizerische Einsiedeln und viele andere mehr zu verweisen. Sie alle wurden nicht nur unter unsicheren Umständen, sondern vor allem auch wegen dieser Umstände gegründet.

Ein Kloster zu gründen hieß im 10. Jahrhundert üblicherweise, auf eigenem Grund und Boden einen Ort zu schaffen, an dem man selbst die Regularien vorgab: Ein solches Eigenkloster war weitgehend unabhängig von der Jurisdiktion des Bischofs, seine Ausstattung lag in der Verfügungsgewalt des Stifters, der sich nicht selten selbst als Laienabt an die Spitze setzte oder zumindest den Abt persönlich berief. Derartig dominierte Klöster, deren Einnahmen überdies dem Eigenherrn zustanden, waren – wie Eigenkirchen ganz allgemein – bis ins 12. Jahrhundert außerordentlich weit verbreitet. Ein solches Modell stand dem von der Benediktsregel vorgesehenen Recht auf freie Abtswahl durch den Konvent freilich entgegen, auch wenn sich genügend Beispiele finden, in denen benediktinisch lebende Klöster ihren Abt nicht selbst wählten.

Herzog Wilhelm war selbst Laienabt des Stifts von St-Julien de Brioude in der Auvergne, als er sich entschied, ein Kloster zu gründen, das der Benediktsregel unterstehen sollte: Cluny. Das Ungewöhnliche dieser neuen Gründung waren die Bedingungen, unter denen sie erfolgte: Zwar setzte Wilhelm den ersten Abt, Berno (gest. 927), noch ein, doch sollten alle folgenden frei durch die Gemeinschaft der Mönche gewählt werden; zwar sollte der Konvent für Wilhelm und seine Familie und auch den verstorbenen König des westfränkischen Reichs, Odo von Paris (gest. 898) beten, doch sollte er dies unbeeinflusst von weltlicher Macht tun; zwar unterstellte Wilhelm die neue Abtei von Anfang an den Aposteln Petrus und Paulus als Schutzherren, doch waren deren irdische Repräsentanten in Rom, war das Papsttum des 10. Jahrhunderts von einer fast beispiellosen Schwäche. Cluny wurde in eine Freiheit entlassen, die aufs Höchste gefährdet schien – zugleich bot sich damit aber auch eine Chance der Entfaltung, die Cluny und seine Äbte bestens zu nutzen verstanden.

Bereits Abt Berno besaß die nötige Erfahrung für den Aufbau des Hauses. Kaum im Sinne der Benediktsregel, aber nach den Usancen der Zeit nicht ungewöhnlich, stand er schon den Klöstern Baume-les-Messieurs und St-Pierre de Gigny als Abt vor. Später sollte noch Notre-Dame de Déols hinzukommen. Auch Odo (gest. 942), der zweite cluniazensische Abt, fungierte in Personalunion als Abt des eben genannten Déols. Zugleich markiert sein Abbatiat einen wichtigen Schritt auf dem Weg zur Autonomie des neuen Klosters Cluny, wurde er doch zwar noch auf Vorschlag Bernos, aber immerhin regelkonform durch den Konvent in das Abtsamt gewählt.

Vom Kloster zum Klosterverband

Mit Abt Odo begann für Cluny eine Phase kontinuierlicher Ausbreitung, die über fast zwei Jahrhunderte anhielt. Geprägt wurde diese Expansion wesentlich von zwei Faktoren: zum einen durch die außergewöhnlich langen Amtszeiten der folgenden Äbte bis zum Beginn des 12. Jahrhunderts, die es ihnen erlaubten, weitreichende Pläne umzusetzen und ein dichtes Netz von Klöstern mit Cluny im Zentrum zu gestalten; auf Abt Odo, der von 927 bis 942 wirkte, folgten von 942 bis 964 Aymardus (gest. 965), von 964 bis 994 Maiolus (gest. 994), von 994 bis 1049 Odilo (gest. 1049) und schließlich von 1049 bis 1109 Hugo I., genannt der Große (gest. 1109). Zum anderen ist auf eine vorteilhafte Privilegierung durch Adel und Papsttum zu verweisen, in deren Folge die burgundische Abtei und der um sie entstehende Klosterverband bereits früh mit weitreichenden Rechten ausgestattet wurde. So bestätigte beispielsweise Rudolf von Burgund (gest. 936), seit 923 König des westfränkischen Reichs, Cluny im Jahr 927 die Schenkung Herzog Wilhelms und verzichtete hierdurch auch selbst auf jedes Eingriffsrecht. Damit war die Freiheit der Abtei auch durch königliche Autorität bestätigt. In der Folge wuchsen die ökonomischen Ressourcen des Klosters, ohne dass dies mit einer faktischen Einflussnahme von außen einherging. Cluny stand unter dem Schutz der Apostelfürsten, und alle, die durch ihre Zuwendungen am geistlichen Kapital der Abtei zu partizipieren hofften, achteten sehr darauf, dass es niemandem gelang, dieses freie Kloster dem eigenen Machtbereich unterzuordnen. Was man erhoffen durfte und auch erhielt, war die Teilhabe am Gebet einer klösterlichen Gemeinschaft, die in keiner weltlichen Verpflichtung stand und sich daher ganz dem Himmlischen widmen konnte.

Als mindestens ebenso folgenreich erwies sich ein 931 durch Papst Johannes XI. (gest. 935) an Cluny verliehenes Privileg. Der Papst nahm das Kloster nun endlich nicht nur förmlich in jenen Schutz, den Wilhelm von Aquitanien bei der Gründung vorgesehen hatte, sondern verlieh ihm zugleich weitreichende Rechte: So durften Mönche anderer Klöster aufgenommen werden, wenn sie glaubhaft machten, die Benediktsregel in Cluny besser als in ihren bisherigen Klöstern erfüllen zu können. Eine vom Abt ihres alten Klosters ausgestellte Erlaubnis – so wie von der Benediktsregel in derartigen Fällen vorgesehen – wurde nicht für nötig erachtet. Doch damit nicht genug: Gerade einmal zwanzig Jahre nach der Gründung hielt der Papst Cluny schon für so bedeutsam und das dort praktizierte mönchische Leben für so vorbildhaft, dass es der Abtei gestattet wurde, andere Klöster der eigenen Jurisdiktion zu unterstellen, um sie entsprechend dem cluniazensischen Modell zu reformieren. Cluny war somit binnen kurzer Zeit zum Vorbild für benediktinisches Leben geworden.

Vor diesem Hintergrund begann das burgundische Kloster bereits unter seinen ersten Äbten einen Verband von Dependancen aufzubauen, wobei der Grad der Abhängigkeit und damit die Qualität der Beziehung zwischen den Klöstern verschiedene Stufen aufwies: Hier gab es zum einen Abteien, deren Abhängigkeit einzig dadurch zum Ausdruck kam, dass der Abt von Cluny den Abt des anderen Klosters vor dessen Wahl nominierte oder ihn aber nach der Wahl zumindest bestätigte. Zu dieser Gruppe zählten nicht selten große und traditionsreiche Klöster, die zum Teil sogar älter waren als Cluny selbst, wie St-Gilles unweit von Arles, St-Martial in Limoges oder St-Germain in Auxerre. Diese Häuser waren Cluny zur Reform übergeben worden, womit gemeint ist, dass klösterliches Leben dort künftig nach dessen Vorbild organisiert werden sollte. Hiervon abgesehen unterstanden sie jedoch auch weiterhin alle einem eigenen Abt. Auch wenn dessen Einsetzung mehr oder weniger von Cluny abhing, blieben diese Klöster als Abteien weitgehend eigenständig, woraus nicht selten Konflikte, ja auch Abspaltungsversuche erwuchsen.

Bei der weit überwiegenden Zahl der Cluny zugehörigen Klöster handelte es sich jedoch um Priorate, die besitzrechtlich dem Abt von Cluny gehörten und auch dessen Leitungsgewalt unmittelbar unterstanden. Die lokale Amtsführung oblag einem Prior (siehe S. 15). Zu dieser Gruppe zählten sowohl große und mächtige Häuser wie das englische Lewes, La Charité-sur-Loire in Burgund oder das ursprünglich vor den Toren von Paris gelegene St-Martin-des-Champs als auch hunderte kleiner Klöster in ganz Europa: von Spanien bis ins deutsche Gebiet, von Schottland bis auf die italienische Halbinsel. Unter Abt Hugo I. gehörten schließlich mehr als tausend Häuser zur cluniazensischen Gemeinschaft.

Neben solchen, die man zu Reformzwecken dem eigenen Klosterverband einverleibt hatte, waren darunter aber auch originär cluniazensische Gründungen, wie das Priorat Marcigny, das zu einem der wichtigsten Frauenklöster der Cluniazenser werden sollte und bis zur Mitte des 12. Jahrhunderts selbst wieder abhängige Priorate gründete. Hinzu kamen weitere von Cluny aus gegründete Priorate für Frauen, die aber der gleichen Lebensordnung (*consuetudo*) folgten wie Marcigny. Vergleicht man diese jedoch mit den Hunderten von Klöstern für Männer innerhalb des cluniazensischen Verbands, mutet die Zahl der wenigen Dutzend Frauenklöster außerordentlich bescheiden an. Auch ihre materielle Ausstattung war in den meisten Fällen deutlich geringer als die männlicher Häuser.

Ungeachtet der Art ihrer Zugehörigkeit zum organisatorischen und spirituellen Zentrum Cluny bildeten die Häuser eine organische Einheit, die bereits von Zeitgenossen als Verbindung von Haupt (*caput*) und Gliedern (*membra*) beschrieben wurde: Der Abt von Cluny stand als eben dieses Haupt den vielen Gliedern in Gestalt abhängiger Klöster vor. Als Abt der Äbte (*abbas abbatum*), wie er sich seit der Mitte des 12. Jahrhunderts nannte, besaß er eine kaum beschränkte Machtfülle, trug aber zugleich die volle Verantwortung für jedes der ihm untergeordneten Klöster. So mussten sämtliche Novizen aller cluniazensischen Häuser ihre Profess vor dem Abt von Cluny ablegen oder aber zumindest die Mönchsweihe durch ihn erhalten. Auch die regelmäßigen Kontrollen der aus bischöflicher Aufsicht befreiten Klöster oblagen zunächst dem Abt von Cluny persönlich. Mit zunehmender Expansion des Verbandes sollte sich dieser Anspruch jedoch als immer weniger umsetzbar erweisen. Ab dem ausgehenden 12. Jahrhundert wurden daher nach zisterziensischem Vorbild (siehe S. 89) Verfahren etabliert, die helfen sollten, diese Defizite zu beheben und dem Verband von Cluny eine neue Struktur zu geben.

Die cluniazensische Erneuerung: Von der Normandie bis nach Kampanien

Neben diesen vielen besitzrechtlich oder auch nur durch Gehorsamsverpflichtungen mit Cluny verbundenen Klöstern aber gab es auch solche, die ohne formale Zugehörigkeit ihre religiöse Praxis an derjenigen Clunys orientierten. Zeitgenossen konnte das kaum verwundern: Cluny strahle, so bemerkte Papst Urban II. (gest. 1099), wie eine zweite Sonne auf die Erde und sei – ein Wort Jesu aufgreifend – zum «Licht der Welt» (Mt 5,14; Joh 8,12) geworden. Dieses Licht fiel dabei auch auf solche Abteien, die bis dahin als Zentren benediktinischen Lebens gegolten hatten: Montecassino und Fleury (St-Benoît-sur-Loire).

Fleury, wo, wie man seit dem 7. Jahrhundert glaubte, die Reliquien Benedikts aufbewahrt wurden, sollte nach den normannischen Zerstörungen im ausgehenden 9. Jahrhundert durch Cluny zu neuer Blüte geführt werden. Diese Aufgabe legte der schon genannte westfränkische König Rudolf von Burgund in die Hände Clunys, vermittelt über einen lokalen Adligen. Abt Odo selbst kam um 930 nach Fleury, wo er und die ihn begleitenden Mönche jedoch zunächst auf feindselige Stimmung stießen – ja der Konvent verweigerte ihnen anfänglich sogar den Zutritt. Erst nach einiger Zeit und der Beteuerung friedlicher Absichten – als Zeichen seiner Demut sei Odo auf einem Esel zum Kloster geritten – habe er Einlass erhalten. All dies berichtet die Vita Abt Odos. Die Mönche in Fleury hätten nun von denen aus Cluny gelernt, was es hieß, ein gemäß der Benediktsregel vorbildliches Leben zu führen. Die Erneuerung habe vor allem die Speisegewohnheiten, insbesondere die Ablehnung des Fleischessens, sowie den Verzicht auf Privateigentum betroffen.

Im Falle von Montecassino fand der Eingriff Clunys vor einem anderen Hintergrund statt, führte aber zu einem ähnlichen Ergebnis: Nachdem der Cassinenser Konvent im Jahr 883 angesichts der sarazenischen Bedrohung ins Exil geflohen und das Kloster zerstört und verwaist war, wurde Abt Odo auch hier initiativ: Noch wenige Monate vor seinem Tod 942 installierte er zunächst seinen Schüler Balduin als Abt des exilierten Konvents von Montecassino. Ihm folgte, nach einem kurzen Intermezzo des Maielpot (gest. nach 948), ein weiterer Schüler Odos nach, Aligern (gest. 985). Er trieb den Wiederaufbau der Abtei voran und führte schließlich um 950 die Mönchsgemeinschaft wieder dorthin zurück. Der mythische Ursprungsort, zu dem noch im 9. Jahrhundert bewundernde Schüler aus ganz Europa gepilgert waren, verdankte seine Auferstehung dem neuen Zentrum benediktinischen Lebens: Cluny.

Fleury und Montecassino sind nur zwei Beispiele für eine im 10. Jahrhundert einsetzende Bewegung, die ihren Bezugspunkt in der burgundischen Abtei hatte. Dabei unterschied sich die

Ausbreitung dieses neuen Benediktinertums in einem wesentlichen Punkt von der ersten Expansion. Stand bisher der Text der Regel selbst im Vordergrund und waren die jeweiligen Entscheidungsträger bemüht gewesen, dem monastischen Grundtext überhaupt erst einmal Geltung zu verschaffen, so konnte Cluny auf der Basis einer benediktinischen Dominanz aufbauen. Es musste nicht mehr darum gehen, das Mönchtum unter der Regel Benedikts zu vereinheitlichen, sondern Cluniazenser sahen sich in der Pflicht, das Bestehende in ihrem Sinne zu vervollkommnen. Als Werkzeug dieser Mission identifizierte man innerhalb wie außerhalb dieses neuen benediktinischen Musterklosters die ebendort gepflegte Lebensordnung. Auf diese Weise hatte Cluny den Platz Montecassinos eingenommen: Pilger aus ganz Europa, die dem Geist Benedikts folgen wollten, kamen nunmehr nach Cluny.

Wenige Beispiele mögen genügen, um die neue Attraktivität der burgundischen Abtei und insbesondere der dort praktizierten Art der Regelbefolgung zu verdeutlichen. So sandte Abt Maiolus im Jahr 989 auf Bitten des zuständigen Bischofs von Langres seinen Schüler Wilhelm von Dijon (gest. 1031) in die drei Tagesetappen entfernte Abtei St-Bénigne de Dijon, um dort das Amt des Abts zu besetzen. Wilhelm begann umgehend mit einer Erneuerung des Klosters im Sinne dessen, was er in Cluny gelernt hatte. Dabei wurde St-Bénigne nicht in den Verband von Cluny eingegliedert, galt aber in der dort praktizierten Art des klösterlichen Lebens dennoch als cluniazensisch inspiriert. Es gelang Wilhelm, einen eigenen Kreis von Klöstern an St-Bénigne zu binden, so dass Cluny und seine Lebensordnung auch ohne strikt institutionelle Zugehörigkeit weitere Verbreitung fand. Eine solche cluniazensische Prägung kann auch für jene Klöster angenommen werden, die Wilhelm in der Folgezeit mit der Bitte übertragen wurden, sie gleichfalls zu reformieren: St-Arnoul in Metz, St-Evre in Toul, Fécamp, der Mont-St-Michel, Jumièges, St-Germain-des-Près sind nur einige der ihm unterstellten Abteien, alles altehrwürdige Klöster, in denen bereits vor der Erneuerung der klösterlichen Strenge nach der Benediktsregel gelebt wurde. Ungefähr vierzig Klöster mit annähernd tausendzweihundert Mönchen soll Wilhelm über die Jahre hinweg erneuert haben.

Zwei weitere Abteien waren für die Ausbreitung der cluniazensischen Idee von besonderer, man kann sagen katalytischer Funktion: Farfa und Fruttuaria. Nachdem erste, unter Abt Odo begonnene Versuche einer cluniazensischen Reform der unweit Roms gelegenen Benediktinerabtei Farfa noch gescheitert waren, nahm deren Abt Hugo (gest. ca. 1036) einen neuen Anlauf. Hugo selbst war durch Simonie in sein Amt gekommen, d.h. er hatte dieses gekauft. Aus Reue hierüber und auch um einer Bestrafung zu entgehen, lud er neben dem amtierenden (fünften) Abt von Cluny, Odilo, auch den Klosterreformer Wilhelm von Dijon, ein, die Zustände in seinem Kloster zu verbessern. Vergebens seien seine vorausgegangenen Versuche gewesen, zunächst Mönche aus Montecassino oder Subiaco zu finden, denen man die Erneuerung des benediktinischen Lebens hätte anvertrauen können, berichtet Abt Hugo selbst. Erst die Benediktiner aus Cluny seien hierzu in der Lage gewesen. Nahezu zeitgleich zur Reform Farfas gründete Wilhelm von Dijon im Jahr 1003 noch das unweit von Turin gelegene Kloster Fruttuaria. Diese Abtei sollte ebenfalls zu einer wichtigen Relaisstation cluniazensischer Lebenspraxis werden.

Wilhelm war freilich nicht der Einzige, der während des 11. Jahrhunderts Klöster im Sinne des cluniazensischen Modells reformierte und damit zur Verbreitung dieser Art benediktinischen Lebens beitrug. Zu nennen sind etwa Lanfranc (gest. 1089), Prior von Bec, Abt von St-Etienne in Caen und nachmalig Erzbischof von Canterbury oder auch Petrus Pappacarbono (gest. 1122), der spätere Bischof von Policastro, der das Mönchsleben zunächst im kampanischen Kloster Cava de' Tirreni erlernt hatte. Bereits als Mönch ging er nach Cluny, um das dortige Leben zu studieren. Nachdem er acht Jahre in Burgund verbracht hatte, kehrte er wieder nach La Cava zurück, um dieses dem cluniazensischen Vorbild entsprechend zu reformieren. Zu einem Leuchtturm der cluniazensischen Bewegung in Italien entwickelte sich auch die piemontesische Abtei San Michele della Chiusa, die über einen riesigen Besitz an Ländereien und Rechten verfügte und wie Cluny dem Papst direkt unterstand, der auch die vom Konvent gewählten Äbte weihte.

Consuetudines: Klösterliche Gewohnheiten

Worauf sich Reformer wie Wilhelm von Dijon, aber auch die Äbte von Cluny in ihren Bemühungen stützen konnten, waren *Consuetudines* – jene klösterlichen Gewohnheiten, die schon für Benedikt von Aniane bei der Vereinheitlichung des benediktinischen Mönchtums unter den Karolingern eine so große Rolle gespielt hatten.

Bezeichnet ist damit zunächst einmal die konkrete Lebensweise in einer klösterlichen Gemeinschaft. Die Benediktsregel hatte – wie andere Regeln auch – trotz einer Fülle von Bestimmungen zu fast allen Fragen des Klosterlebens vieles offengelassen oder auch ganz ausdrücklich dem Ermessen des Abts anheimgestellt. Strebte man in solchen Punkten dennoch Einheitlichkeit an – und die war notwendig, wollte man eine gemeinsame Identität entwickeln –, so musste auch das Unbestimmte bestimmt werden. Die angestrebte Gleichförmigkeit in der Liturgie ebenso wie im Lebensalltag bedeutete vor allem eine höhere Heilschance: Aus vielen verschieden handelnden Einzelnen sollte ein einziger Körper werden, der im Gleichklang Gott lobte und den Dienst für ihn versah. Die Aufhebung aller Disharmonie versprach jene Einstimmigkeit im Leben wie im Gebet, die bei Gott Gehör finden würde. Das klösterliche Leben musste folglich auch dort uniform werden, wo eine solche Einheitlichkeit nicht unmittelbar aus der Regel erwuchs, das heißt, die Regel musste von allen in identischer Weise befolgt werden. Theologisches Leitbild war die Einheit des Leibes Christi, als den man einen klösterlichen Konvent identifizierte. Erreicht wurde dieses Ziel durch die Vereinheitlichung der klösterlichen Gewohnheiten, durch ein Gleichmaß des Handelns; in dieser Harmonie lag zugleich die Geltung des Handelns begründet.

Es war ein zweiter, aber naheliegender Schritt, die gelebte Ordnung auch in die Schriftform zu überführen. Schrieb man nieder, wie gelebt wurde, ging es weniger darum, diese Lebenspraxis den Kontingenzen des Alltags zu entheben oder sie in einem gewissen Punkt «einzufrieren». Vielmehr boten sich die Gebräuchebücher in besonderer Weise als Werkzeug zur Vermittlung einer gefundenen Ordnung an – sei es allein durch den Text, sei es, dass dieser Text das Tun der im täglichen Umgang Geübten begleiten sollte.

Cluny wurde seit dem ausgehenden 10. Jahrhundert zum Inbegriff eines Klosterverbands, in dem derartige Gebräuchebücher nicht nur entstanden, sondern von dem aus sie auch europaweit Verbreitung fanden, um anderen klösterlichen Gemeinschaften als Orientierung zu dienen. Erstmals verschriftlicht wurden die *Consuetudines* hier um das Jahr 990 unter Abt Maiolus. Diese ersten, unter dem Titel *Consuetudines Antiquiores* bekannten Texte beinhalten noch ausschließlich liturgische Praktiken, doch bereits die zeitlich nächsten der uns bekannten Gebräuchebücher bieten mit Ausführungen über Amtsträger, Räumlichkeiten und Alltagshandeln ein thematisch deutlich erweitertes Spektrum. Sie entstanden in den 20er-Jahren des 11. Jahrhunderts unter Abt Odilo in Cluny und sind unter dem Titel «Buch des rechten Wegs» (*Liber tramitis*) bekannt. Ihre Geschichte verweist nicht nur auf die Attraktivität und den Erfolg des in Cluny gelebten Benediktinertums, sondern auch auf ein allgemeines Kennzeichen dieser Gebräuchebücher: Weil der Text selbst nicht als Norm oder Vorschrift galt, die verbindlich einzuhalten war, konnte er problemlos auch an andere Orte gebracht werden, damit man sich dort an den formulierten Gebräuchen orientieren konnte. Genau dies geschah beispielsweise mit eben jenem *Liber tramitis*, der in das Kloster Farfa bei Rom gelangte und dort zu einem wichtigen Bestandteil der von Cluny gesteuerten Reform dieser Abtei wurde.

Da also bei einer Übertragung von cluniazensischen Gebräuchen in andere Klöster diese nicht als sakrosankte Regeln galten, sondern stets als Orientierung, konnte von ihnen je nach Ansprüchen oder lokalen Gegebenheiten abgewichen werden. Ein besonders eindrückliches Beispiel hierfür bietet der Umgang mit den cluniazensischen *Consuetudines* im Schwarzwaldkloster Hirsau (siehe S. 62). Als nämlich der Mönch Ulrich von Cluny (auch: Ulrich von Zell; gest. 1093), im letzten Drittel des 11. Jahrhundert die cluniazensische Lebensordnung (*Ordo Cluniacensis*) in einem monumentalen Werk verschriftlichte, tat er dies ausdrücklich für Abt Wilhelm von Hirsau (gest. 1091), mit dem er als Oblate im Regensburger Kloster St. Emmeram aufgewachsen war. Über die Hintergründe der Entstehung seiner *Consuetudines* informiert ein Brief, den Ulrich ihnen voranstellte: Wilhelm hatte sich mit dem Vorsatz, das Kloster Hirsau zu reformieren, an Ulrich gewandt, um von ihm etwas über die cluniazensische Art benediktinischen Lebens zu lernen. Mit Einverständnis seines Abts Hugo von Cluny machte sich Ulrich an die Niederschrift der *Consuetudines*, in dem Wissen, dass seine umfangreiche Sammlung zur cluniazensischen Ordnung nicht mehr als eine Orientierung sein würde: Ulrich selbst empfahl Wilhelm, sie mit seinen Hirsauer Brüdern entsprechend den Bedürfnissen des Schwarzwaldklosters zu modifizieren. Im Ergebnis verfasste Wilhelm ein eigenes Gebräuchebuch – die sogenannten *Constitutiones Hirsaugienses*. Die Hirsauer Bräuche wiederum wurden zu Beginn des 12. Jahrhunderts in mehr als hundert weitere Klöster übertragen. Und Hirsau ist nur ein Beispiel von vielen, die zeigen, wie weit der Einfluss Clunys und seines Klosterverbands reichte.

Cluniazensische Frömmigkeit

Cluny wurde im 11. Jahrhundert zum unbestrittenen Zentrum benediktinischen Lebens. Das Kloster wirkte durch die Autorität seiner Äbte, durch die schiere Zahl der sich ihm verbunden wissenden Häuser in ganz Europa, vor allem aber auch durch die Vorbildlichkeit, die man seiner Lebensordnung zuschrieb. Nicht ohne Stolz sprach man von einer «cluniazensischen Kirche» (*Cluniacensis ecclesia*). Dennoch fällt es der modernen Forschung schwer zu bestimmen, welche Häuser denn tatsächlich zu diesem Großverband zählten. Ein Kriterium ist die Bezeichnung eines Klosters als cluniazensisch in päpstlichen Urkunden, ein anderes ist das formalisierte Totengedenken innerhalb des Klosterverbands, ein drittes sind die Dokumente der cluniazensi-

Noch heute vermittelt das einzig erhaltene Querschiff der ehemaligen Abteikirche von Cluny einen Eindruck von der einstigen Monumentalität des bis ins 16. Jahrhundert größten Kirchenbaus.

schen Visitationen, der verbandsinternen Kontrollroutine (siehe S. 82). Neben diesen dreien steht die Befolgung gemeinsamer Gebräuche. Allerdings konnte ein Kloster auch nach cluniazensischen Gebräuchen leben, ohne der Gemeinschaft nominell anzugehören. Das Modell Cluny wirkte weit über den eigenen Rechtsbereich und strahlte damit als jenes «Licht der Welt», von dem Papst Urban II. gesprochen hatte.

Vor allem in der cluniazensischen Liturgie, in der Feier des Gottesdienstes und im Gebet, manifestierte sich der dem Mönchtum generell eigene Gedanke des Strebens nach Vollkommenheit in besonderer Weise. Während die Benediktsregel beispielsweise vorschrieb, den gesamten Psalter in einer Woche zu beten (RB 18.23), so bewältigten Cluniazenser die 150 Psalmen an einem Tag und orientierten sich damit am Vorbild der «heiligen Väter», die in der Regel als jene benannt sind (cap. 18.25), die «an einem einzigen Tag vollbracht» hätten, wofür ein gewöhnlicher Mönch eben eine Woche benötige.

Mit diesem Anspruch, mehr leisten zu müssen, und dem Bewusstsein, auch mehr leisten zu können als andere, wurden Cluny und die mit ihm verbundenen Klöster zu spirituellen Zentren ihrer Zeit. Man vertraute inner- wie außerhalb von Klöstern auf die Wirksamkeit der cluniazensischen Gebete. Umfangreiche Nekrologien (Totenbücher) wurden geführt, in die man nicht nur die Namen aller Nonnen und Mönche, sondern auch die von Förderern und sonstigen nahestehenden Personen entsprechend ihrer Todestage eintrug. Diese Bücher wurden unter den Klöstern ausgetauscht und fanden dadurch weite Verbreitung; sie wurden täglich verlesen und damit die Namen von Tausenden in das Gebetsgedenken der klösterlichen Gemeinschaft einbezogen. Nur konsequent erscheint vor diesem Hintergrund die Einführung eines neuen Fests im liturgischen Kalender durch Abt Odilo, mit dem auch all jenen die Teilhabe am cluniazensischen Gebet gesichert werden sollte, die nicht in den Totenbüchern verzeichnet waren: Allerseelen – ein Tag des Gedenkens an alle gläubig Verstorbenen, dessen Feier den engeren Bereich Clunys schon bald verließ und in den allgemeinen Festkalender aufgenommen wurde.

Sinnhaften Ausdruck fand die Größe cluniazensischer Gebetsleistung in der unter Abt Hugo um 1080 begonnenen neuen Kirche des Klosters, der bereits dritten seit dessen Gründung. Ihre Dimensionen stellten alles bis dahin Gekannte in den Schatten. Mit annähernd 190 Metern Länge und fast 80 Metern Breite blieb diese Kirche bis zum Bau der Petersbasilika in Rom seit dem Beginn des 16. Jahrhunderts die größte der Christenheit. Auch wenn das Kloster Cluny mitsamt seiner Kirche Anfang des 19. Jahrhunderts abgerissen wurde, vermitteln die wenigen Reste immer noch einen Eindruck von dessen einstiger Größe.

5. Benediktiner in der «Reichskirche» (10./11. Jahrhundert)

Die Erfolgsgeschichte Clunys begann unter den besonderen Bedingungen einer schwachen Zentralgewalt. Zeitumstände wie diese bargen für die Klöster das Risiko, zum Spielball politischer Partikularinteressen zu werden; sie eröffneten jedoch zugleich die Chance, weitgehend unbeeinflusst von weltlichen Autoritäten klösterliches – und dies bedeutete im 10. Jahrhundert benediktinisches – Leben zu entwickeln.

Im östlichen Teil des ehemaligen karolingischen Herrschaftsbereichs verliefen die politischen Entwicklungen mit anderer Dynamik, aber unter ähnlichen Voraussetzungen: Auch hier hatten die Einfälle der Ungarn weite Landstriche verheert und zahlreiche Klöster zerstört. Anders als im Westfrankenreich kam es im Osten jedoch schon früh zu einer prägenden Symbiose der aufstrebenden ottonischen Herrscherdynastie mit den großen Abteien. Über fünfzig von ihnen erlangten zeitweilig oder dauerhaft den Status einer sogenannten «Reichsabtei», darunter alte und traditionsreiche Klöster wie Einsiedeln, Fulda oder Herford, aber auch zahlreiche Neugründungen wie Seeon oder Memleben. Sie unterstanden dem unmittelbaren Schutz des Königs und besaßen Immunität gegenüber Ansprüchen Dritter. Als eigenes Recht wurde ihnen überdies die freie Wahl des Abts zugestanden. Diese war zwar für Benediktiner durch die Regel grundsätzlich vorgesehen, aber vor dem Hintergrund zahlreicher Verflechtungen der Klöster mit der Welt der Laien blieb sie auch im 10. und 11. Jahrhundert ein Sonderrecht, das – wie auch im Fall Clunys – ausdrücklich verliehen wurde.

Seit einer entsprechenden Verfügung Ottos I. aus dem Jahr 951 durfte zudem keines der dem König direkt unterstehenden Klöster mehr verschenkt oder veräußert werden – eine Bestimmung, mit deren Einhaltung man es jedoch vielfach nicht übermäßig genau nahm. Mit der urkundlich bestätigten Verleihung «königlicher Freiheit» (*libertas regia*) knüpften Ottonen und später Salier im Falle dieser «Reichsabteien» an eine Herrschaftsstrategie an, die bereits von den Karolingern genutzt wurde, nämlich Klöster als Instrumente königlicher Verwaltung oder zur kulturellen Durchdringung des Raumes heranzuziehen. Der lange Zeit von der Forschung unterstellte systemische Charakter dieser Beziehung zwischen den ottonischen und salischen Herrschern und den als «Reichsabteien» privilegierten Klöstern ist in den letzten Jahren jedoch stärker in Zweifel gezogen worden, vor allem weil das Konzept dieses sogenannten «Reichskirchensystems» die Verfügungsgewalt der deutschen Könige zu einseitig herausstellte. Wohl nahmen Klöster, die durch Verleihung entsprechender Rechte unmittelbar an den Herrscher gebunden wurden, eine erkennbare Sonderstellung ein, und ihre Bindung an die Zentralgewalt im entstehenden römisch-deutschen Reich war vergleichsweise stark. Dessen ungeachtet blieben sie selbständig agierende Akteure – mindestens dort, wo es um den Kernbereich ihres Selbstverständnisses ging: um gemeinschaftliche Gottsuche und Gebet. Ähnlich wie dies für Cluny oder St-Bénigne in Dijon beschrieben wurde, bildeten sich auch im Osten Verbände von Klöstern, die nicht nur nach gemeinsamer Regel, sondern auch nach je verschiedener Gewohnheit leben wollten. Im Bemühen des *secundum regulam vivere* zeichneten sich die benediktinischen Erneuerungsbewegungen des 10. und 11. Jahrhunderts auch im ostfränkisch-deutschen Bereich im Vergleich zu denen der Anianischen Reformen gerade durch die Betonung der Differenz aus.

Die lothringischen Reformzentren: Gorze, St-Vanne, Brogne

Eines der einflussreichsten Zentren benediktinischen Lebens neben Cluny war seit dem 10. Jahrhundert die in Lothringen, unweit von Metz, gelegene Abtei Gorze. Sie war im Jahr 757 durch Bischof Chrodegang von Metz (gest. 766), einen der führenden monastischen Erneuerer zur Zeit der frühen Karolinger, programmatisch unter der Benediktsregel gegründet worden und zählte lange Zeit zu den Zentralorten der Anianischen Reformbewegung. Neue Impulse erhielt Gorze, als die Abtei nach 930 vom Metzer Bischof an eine Gruppe von Klerikern übergeben wurde, die das Kloster im ursprünglichen Geist der *Regula Benedicti* zu erneuern suchten. Diese und auch weitere Reformen erfolgten nicht zuletzt angesichts der allgemeinen Verheerungen, die kriegerische Einfälle von Ungarn, Normannen und auch Sarazenen hier ebenfalls verursacht hatten und durch die insbesondere auch ungezählte geistliche Einrichtungen heimgesucht und zerstört worden waren. «Reform» meinte unter diesen Umständen nicht selten den vollständigen Neubeginn klösterlichen Lebens.

An diesem Neubeginn waren Gorzer Mönche, die zu Äbten zahlreicher Klöster im oberlothringischen Raum und weit darüber hinaus gewählt wurden, entscheidend beteiligt. Unter diesen ist vor allem auch St. Maximin in Trier zu nennen, von wo aus weitere Klöster, vor allem auch im Ostteil des Reiches, neue benediktinische Impulse erfuhren. Von Gorze beeinflusst war auch die 952 gegründete Abtei St-Vanne in Verdun, die unter ihrem Abt Richard (gest. 1046) zu einem wirkmächtigen Zentrum benediktinischer Erneuerung wurde. Nicht nur reformierte er bestehende Häuser entsprechend der eigenen Lebensordnung, sondern wandelte auch Kanonikergemeinschaften in Benediktinerabteien um, so dass St-Vanne zum Mittelpunkt einer Gruppe von Klöstern wurde, denen Richard selbst oder aber seine Schüler vorstanden. Gorze wie auch St-Vanne wirkten zudem als Generatoren der Erneuerung weiblicher Konvente: Von hier aus wurden neue Häuser gegründet und bestehende reformiert, so dass im Gorzer Umfeld schließlich mehr als zehn Frauenklöster für die benediktinische Reformbewegung gewonnen werden konnten.

Alle Reformzentren dieser Zeit sind mit prägenden Persönlichkeiten verbunden. Ist für Gorze vor allem Johannes von Vandières (gest. 974) zu nennen, dessen Vita wir unsere Kenntnis der von dort ausgehenden Bewegung zu weiten Teilen verdanken, so steht für das Kloster Brogne nahe Namur dessen Gründer und erster Abt Gerhard (gest. 959) im besonderen Fokus. Einige Jahre nach der Gründung Brognes wurden Gerhard bereits mehr als zehn Klöster zur Erneuerung im Geist der Benediktsregel übertragen, darunter so bedeutende Abteien wie St-Remi in Reims, St-Bavo in Gent, St-Bertin in St-Omer oder der Mont-St-Michel in der Normandie. Gerhard und seine Schüler wurden hier als Vorsteher eingesetzt und verbreiteten ihre spezifische Art der Regelbefolgung. Mönche dieser niederlothringischen Reformbewegung nahmen überdies zu Beginn der 970er-Jahre an der Synode von Winchester teil, auf der eine gemeinsame Observanz aller neu gegründeten benediktinischen Klöster in England beschlossen wurde – abgefasst und verbreitet als sogenannte *Regularis Concordia*.

Im Unterschied zur Gemeinschaft von Cluny blieb die Bindung der mit Gorze, Brogne oder St-Vanne assoziierten Klöster jedoch eine rein spirituelle, ohne Eingriffsrechte durch den Abt des jeweiligen Zentrums. Was die Klöster zusammenband, war vielmehr die Befolgung gemeinsamer verschriftlichter Lebensgewohnheiten. Ungeachtet der immer auch erkennbaren Einflussnahmen und Initiativen des lokalen Adels wird gerade an den lothringischen Reformbemühungen das Länder- wie Bistumsgrenzen überschreitende Moment des benediktinischen Mönchtums im Allgemeinen und seiner Erneuerungsbewegungen im Besonderen deutlich.

Das Schwarzwaldkloster Hirsau und sein Netzwerk

Gleiches gilt auch für das schwäbische Kloster Hirsau, das im Zusammenhang der Verbreitung cluniazensischer *Consuetudines* bereits erwähnt wurde. Die Anfänge der Abtei reichen bis ins 8. Jahrhundert zurück, ihre Erfolgsgeschichte begann jedoch erst Mitte des 11. Jahrhunderts, als Papst Leo IX. (gest. 1054) seinem Neffen, dem Grafen Adalbert II. von Calw (gest. 1099) auftrug, das alte, auf Familienbesitz befindliche Aureliuskloster wieder zu neuem Leben zu erwecken. Zu diesem Zweck holte Adalbert Mönche und einen Abt aus dem durch Gorze reformierten Kloster Einsiedeln im heutigen Kanton Schwyz; der Neubeginn des Jahres 1065 stand also bereits unter dem Zeichen benediktinischer Erneuerung. Schon nach vier Jahren wurde dieser Abt jedoch wieder abgesetzt. An seiner Stelle wählte der Graf in seiner Stellung als Eigenkirchenherr den aus St. Emmeram in Regensburg stammenden Wilhelm, der später nach seinem neuen Wirkort Wilhelm von Hirsau genannt werden sollte (St. Emmeram hatte seine monastische Prägung durch Mönche des Klosters St. Maximin in Trier erhalten und stand damit ebenfalls in einer Traditionslinie zur Gorzer Lebensordnung).

Mit Wilhelm begann der Erfolg Hirsaus: Zunächst erlangte das Kloster im Jahr 1075 die vollständige Freiheit (*ius totius libertatis*) von seinen bisherigen Eigenkirchenherren, den Grafen von Calw. Künftig kam der Gemeinschaft, und nicht mehr dem Grafen, das Recht zu, ihren Abt zu wählen. Auch den Vogt sollte der Konvent selbst wählen dürfen, wobei der Kandidatenkreis hier auf die Stifterfamilie begrenzt blieb, sofern sich dort ein geeigneter Anwärter finden ließe. Die Bestimmungen dieser Urkunde, das sogenannte «Hirsauer Formular», erlangten nachfolgend Modellcharakter für Abteien weit über Hirsau und seinen Einflussbereich hinaus. Zudem sei Wilhelm durch die Gründung neuer und die Reform bestehender Klöster zum «Vater vieler Mönche» geworden, notierte der Konstanzer Chronist Bernold.

Stets zählten auch Klöster von Frauen zum sich entwickelnden Netzwerk des Schwarzwaldklosters, anfänglich gab es sogar eine Verbindung von Frauen- und Männerkloster in Hirsau selbst: Erst um 1079, zehn Jahre nach seinem Amtsantritt, verlagerte Abt Wilhelm den Frauenkonvent von dort ins unweit gelegene Kentheim. Insgesamt zeichnete sich der entstehende Hirsauer Verband doch durch eine hohe Zahl von Frauenklöstern aus. Überdies entstanden zahlreiche Häuser gerade während seiner Blütezeit bis 1130 als Doppelklöster, in denen Männer und Frauen zwar räumlich getrennt, aber doch an einem Ort gemeinsam lebten.

In ungefähr hundertzwanzig Klöstern folgte man schließlich dem Vorbild der Hirsauer Gewohnheiten (*Constitutiones Hirsaugienses*), die ja ihrerseits auf den Gebräuchen Clunys beruhten. Diese Gewohnheiten waren das einigende Band zwischen den Klöstern, die darüber hinaus rechtlich eigenständig waren, abgesehen von den einer Abtei unterstellten Prioraten. Abt Wilhelm war in vielen Punkten dem gefolgt, was ihm sein Jugendfreund Ulrich von Cluny als Modell benediktinischen Lebens empfohlen hatte: Gebet und Gottesdienst nahmen einen ähnlich breiten Raum ein wie im burgundischen Musterkloster. Alle anderen Verrichtungen waren nachgeordnet, sollten aber peinlichst genau der geltenden Ordnung entsprechen, worauf – wie in Cluny – Zirkatoren zu achten hatten, die Tag und Nacht ihre Runden drehten und jedes Vergehen, jeden Verstoß gegen Regel und Gewohnheit notierten. In zwei wichtigen Punkten aber wich man in Hirsau und den Häusern, die seiner Ordnung folgten, vom Vorbild Cluny ab: Man verbannte die Kinder aus dem Kloster und etablierte einen neuen religiösen Stand zwischen Mönchen und Weltleuten, der künftig für die Erledigung aller körperlichen Arbeiten verantwortlich sein sollte: die sogenannten Konversen oder Laienbrüder.

Kinder sollten keine Aufnahme mehr als Oblaten im Kloster finden, weil sie sich – wie man betonte – weder freiwillig für das klösterliche Leben entschieden hatten, noch an der Feier des Gottesdienstes teilnehmen konnten. Konversen wiederum wurden als neue Gruppe in die Klöster der Hirsauer aufgenommen, weil sie all die Arbeiten erledigen sollten, die nötig waren, um das Kloster auch dann als eigenen Wirtschaftsraum erhalten zu können, wenn die Mönche sich ganz und ausschließlich liturgischen Aufgaben widmeten. Als Laienbrüder trugen sie eine eigene und spezifische Kleidung, nicht den Habit der Mönche. Sie lebten im Kloster, hatten aber weder Zutritt zur Klausur – dem den Mönchen vorbehaltenen Teil des Klosters –, noch besaßen sie Stimmrecht im Konvent. Den Chorraum der Kirche zu betreten, war ihnen untersagt. Erst die an der Wende vom 12. zum 13. Jahrhundert entstandenen Cauliten – auch sie folgten der Benediktsregel – sollten diese Trennung aufheben und ein gemeinsames Leben beider Gruppen etablieren, wobei stets dreizehn Mönche und sieben Konversen in einem Kloster zu sein hatten.

Gerade an diesen Konversen entzündete sich rasch Kritik, weil mit ihnen die traditionelle und für das benediktinische Mönchtum typische Verbindung von Gebet und Arbeit nun auch symbolisch aufgehoben wurde – selbst wenn sie faktisch vielleicht schon geraume Zeit und auch an anderen Orten nicht mehr bestand. Annähernd zeitgleich begegnen solche Laienbrüder auch in St. Blasien, dem neben Hirsau zweiten Schwarzwälder Zentrum benediktinischer Erneuerung. Zuvor gab es sie schon in Camaldoli und Vallombrosa, den Mutterhäusern zweier Gemeinschaften, die benediktinisches Leben als Eremiten verwirklichten und damit ganze neue Modelle des Benediktinertums etablierten. Auf sie wird noch einzugehen sein (siehe S. 69, 71).

Bischöfliche Reform in Siegburg

Ähnlich wie in Gorze, wo die Erneuerung des klösterlichen Lebens vom Metzer Bischof entscheidend in Gang gesetzt worden war, wurde die weit ausstrahlende Klosterreform von Siegburg wesentlich von einem Bischof angestoßen. Der Kölner Erzbischof Anno II. (gest. 1075) hatte das dem hl. Michael geweihte Kloster im Jahr 1064 auf neu erworbenem bischöflichen Eigengut gegründet und zunächst Mönche aus St. Maximin in Trier dort angesiedelt. Siegburg ist in seinen Anfängen damit ein weiteres Beispiel für ein Benediktinerkloster Gorzer Prägung, zumal Bischof Anno den Abt eigens aus Gorze bestellt hatte. Von einer Romreise heimkehrend, machte der Kölner jedoch im Kloster Fruttuaria (siehe S. 53) Station und lernte die dort praktizierte Art benediktinischen Lebens kennen. Dort beeindruckte ihn der Eifer der Mönche in der Beachtung der Regel wie auch ihre gesamte Lebensweise so sehr, dass er auf der Stelle zwölf Mönche aus Fruttuaria mitnahm, um seine Neugründung nun nach dem Vorbild des piemontesischen Klosters zu gestalten. In Siegburg eingetroffen, sandte Anno den bisherigen Konvent zurück nach Trier und unterstellte die zwölf neuen Mönche dem alten Abt. Die Gebräuche Fruttuarias wurden also nun unter einem Abt aus Gorze praktiziert, der Änderungen vor allem in der Liturgie vornahm. Rasch breitete sich diese neue, aus zwei *Consuetudines* gespeiste Art benediktinischen Lebens aus, wesentlich gefördert durch den Erzbischof, der allen Freiheitsbestrebungen des Reformmönchtums zum Trotz Eigenherr «seines» Klosters blieb.

Einflussgebiete dieses gemischten *Ordo Sigebergensis* waren zunächst die Diözese, später auch weitere Teile des Reichs bis ins thüringische Saalfeld. Als wichtigste Relaisstation erwies sich dabei St. Pantaleon in Köln, von wo gleichfalls ein Konvent aus St. Maximin vom Bischof zurück nach Trier geschickt wurde. Wie im Fall Hirsaus bildeten sich innerhalb des entstehenden Netzwerkes Siegburger Klöster eigene Filiationen heraus, nie aber ein tatsächlicher Verband vergleichbar dem Clunys, auch wenn alle Konvente institutionell auf den Kölner Erzbischof ausgerichtet waren. Seit den ersten Jahrzehnten des 12. Jahrhunderts zählten reine Frauenklöster ebenso zum Siegburger Kreis wie Doppelklöster.

6. Beten in der Wüste: Benediktinische Einsamkeit (11./12. Jahrhundert)

Gleich im ersten Kapitel der Benediktsregel findet sich eine Aufzählung vier verschiedener mönchischer Lebensweisen: zwei guten werden zwei schlechte gegenüberstellt. Ganz abscheulich seien die Sarabiten – Mönche, die «weder durch die Regel noch die Schule der Erfahrung» erprobt wurden, Gesetz sei ihnen einzig das, «wonach ihre Begierden verlangen». Ebenso erbärmlich sei auch der Lebenswandel der Gyrovagen – Mönche, die «ihr Leben lang landauf und landab» zögen und sich dabei immer wieder «für drei oder vier Tage in verschiedenen Klöstern beherbergen» ließen. Ihnen gegenüber stehen zum einen die Zönobiten – «Sie leben in einer klösterlichen Gemeinschaft und dienen unter Regel und Abt» –, zum anderen die Anachoreten, auch Eremiten oder Einsiedler genannt. Diese hätten im Kloster und in der Gemeinschaft gelernt, allein gegen den Teufel zu kämpfen. Mit diesen Charakterisierungen griff der Verfasser der Regel ältere Traditionen teils wörtlich auf, namentlich die Magisterregel und die «Unterredungen der Väter» (*Collationes patrum*) des Johannes Cassian (gest. 435).

Alle bisher vorgestellten Lebensformen nach der Benediktsregel sind recht klar dem Zönobitentum zuzuordnen – denen also, für die die Regel einst abgefasst wurde, heißt es doch in ihrem letzten Kapitel: «Diese Regel haben wir geschrieben, damit wir durch ihre Beobachtung in unseren Klöstern eine dem Mönchtum einigermaßen entsprechende Lebensweise oder doch einen Anfang im klösterlichen Leben bekunden.» (RB 73.1) Monte Cassino, Fleury, Cluny, Gorze, Hirsau und auch alle anderen bisher erwähnten Klöster waren Orte, an denen eine solche Lebensweise verwirklicht wurde. Doch scheint es, als habe dieses Modell eines klösterlichen Lebens unter Äbtissin oder Abt, unter Priorin oder Prior – in jedem Fall aber unter der Regel – seit dem ausgehenden 10. Jahrhundert nicht mehr genügt. Erkennbar wird eine Bewegung, die danach strebte, wieder bei jenen Müttern und Vätern anzuknüpfen, die in den Wüsten Ägyptens oder Palästinas allein den Kampf mit dem Teufel aufgenommen hatten. Zwar war die eremitische Tradition auch in Europa nie gänzlich versiegt – man denke nur an das sich aus der Zelle Meinrads (gest. 861) entwickelnde Kloster Einsiedeln oder an die im Umfeld der Abtei St. Gallen lebende Inklusin Wiborada (gest. 926). Die kulturverändernde und gesellschaftsgestaltende Kraft hatte zwischen dem 6. und dem 9. Jahrhundert aber klar bei denjenigen Religiosen gelegen, die gemeinschaftlich in einem Kloster lebten, nicht bei den Einsiedlern, den Klausnern, den Inklusen.

Die Gefahren des Erfolgs

Genau dies begann sich nun zu wandeln – nicht von heute auf morgen, aber doch schließlich in einer solchen Mächtigkeit, dass man für die Zeit von der Mitte des 11. bis zur Mitte des 12. Jahrhunderts sogar von einer Krise des zönobitischen Mönchtums gesprochen hat. Und Mönchtum bedeutete im wesentlichen Benediktinertum. Was tatsächlich verstärkt in Frage gestellt wurde, waren die Umstände, unter denen sich benediktinisches Leben abspielte, war die zunehmende Einbindung der Klöster in weltliche Zusammenhänge: ihre Indienstnahme für politische Zwecke, ihre zunehmende wirtschaftliche Dominanz, kurz: ihre gewachsene Verflechtung mit «der Welt».

Zwar galt das in der Benediktsregel verankerte Gebot der Besitzlosigkeit nur für den Einzelnen, nicht für die Gemeinschaft, doch führte zunehmender wirtschaftlicher Erfolg die Klöster durchaus in eine prekäre Situation: Als arbeitsteilig organisierte Gemeinschaften mit einem vergleichsweise geringen Eigenbedarf erzeugten sie fast notwendigerweise einen Überschuss, den sie für karitative Zwecke wie die Armenspeisung auch tatsächlich benötigten. Riesiger Grundbesitz, Mühlen, Salinen, Bergwerke, Werkstätten, Brauereien und vieles mehr garantierten unter den Bedingungen einer verbreiteten Naturalwirtschaft nicht nur ökonomische Macht, sondern auch politischen Einfluss.

In dieser Verflechtung erkannte man Gefahr für das, was klösterliches Leben eigentlich ausmachen sollte: Gebet und Gottesdienst. Es drohte genau jenes transitorische Moment verloren zu gehen, das für die *vita religiosa* seit ihren Anfängen konstitutiv war. Wenn Klöster vorrangig als Wirtschaftshöfe, Orte der Rechtsprechung oder politische Machtzentren gesehen wurden, dann hatten sie ihre eigentliche Bestimmung und damit ihre Legitimation verloren.

Diejenigen, die noch im 11. Jahrhundert bedenkenlos in ein Kloster eingetreten wären, weil sie in ihm einen «Hafen des Heils» sahen, scheuten sich nun, diesen Weg zu gehen, weil er ihnen zu unsicher geworden war. Viele, die aus Furcht vor ewiger Verdammnis beim Jüngsten Gericht die Welt verlassen hatten, wollten dieser Welt im Kloster nicht wieder begegnen, wollten sich nicht um Besitzrechte, Adelsinteressen oder auch nur um die Ernte sorgen. Sie wollten dem Christus nachfolgen, der allein in die Wüste ging, um hier dem Teufel zu widerstehen, oder sie wollten dem Christus nachfolgen, der als Erster das Evangelium vom kommenden Reich Gottes verkündet hatte. Nach seinem Beispiel gingen sie in die Einsamkeit der Wälder, Berge oder Sümpfe, zogen predigend und heimatlos umher und stellten damit die etablierten Formen religiösen Lebens vor nicht geringe Herausforderungen. Bemerkenswerterweise sollte diese Erneuerungsbewegung aber nicht zu einem Niedergang des klösterlichen Lebens im Allgemeinen und des benediktinischen im Besonderen führen. Vielmehr gelang es, neue Formen eines Lebens nach der *Regula Benedicti* zu etablieren, die diese «neuen Benediktiner», namentlich die Zisterzienser (siehe Kapitel 7), wiederum zum Modell für das Religiosentum schlechthin werden ließen.

Romuald von Ravenna und die Kamaldulenser

Am Beginn des Neuen stand das Suchen: nach der angemessenen Form religiösen Lebens, nach Orten, an denen es zu verwirklichen war, nach Gleichgesinnten und Vorbildern, die Anleitung und Bestätigung auf einem Weg geben konnten, dessen Verlauf unbekannt war. Welchen Zufällen eine solche Suche unterworfen sein konnte, veranschaulicht besonders eindrücklich das Beispiel des Romuald von Ravenna (gest. 1027), eines Adligen, der zunächst nur für kurze Zeit und zur Buße in ein Kloster gehen wollte und heute als Begründer eines Ordens gilt: der Kamaldulenser. Seinen Lebensweg kennen wir aus der Vita, die Petrus Damiani (gest. 1072) verfasst hat, einer der entschiedensten Verfechter einer Erneuerung und Entweltlichung der gesamten Kirche und selbst Mitglied in Romualds Gemeinschaft.

Nachdem sein Vater im Streit einen Verwandten getötet hatte, habe sich Romuald in das vor den Toren seiner Heimatstadt Ravenna gelegene Kloster Sant'Apollinare in Classe zurückgezogen, wo er vierzig Tage lang stellvertretend Buße leisten wollte. Tief beeindruckt vom Leben dort, berichtet die Vita, entschloss er sich jedoch zu bleiben und zeichnete sich früh schon durch eine ausgeprägte Neigung zur Askese aus, die sich im beständigen Fasten und einem allgemeinen Hang zum Rigorismus zeigte. Diese Härte gegen sich selbst führte ihn dann allerdings aus dem Klosterleben hinaus und zunächst in die Waldeinsamkeit nahe Venedig. Hier lebte er gemeinsam mit einem weiteren Eremiten selbst als Einsiedler, bevor es ihn in die Pyrenäen zog, wo er mehrere Jahre im Kloster St-Michel-de-Cuxa zubrachte, einer der bedeutendsten Benediktinerabteien im französisch-spanischen Grenzraum. Von dort, so seine Vita, kehrte er zurück nach Ravenna und lebte wieder als Einsiedler in den die Stadt umgebenden Sümpfen. Er gründete Eremitorien, von denen nicht wenige später zu Klöstern anwuchsen – das bedeutendste war zweifellos Fonte Avellana in den Marken. Sein asketischer Ruf verbreitete sich, und Kaiser Otto III. (gest. 1002) berief ihn zum Abt von Sant'Apollinare in Classe, wo sein geistlicher Lebensweg einst begonnen hatte. Doch resignierte Romuald bereits nach einem Jahr wieder. Er zog erneut umher und gründete weitere Einsiedeleien – schließlich um 1012 auch jene, die dem späteren Orden den Namen leihen sollte: Camaldoli. Aber auch hier habe es ihn nicht gehalten, berichtet Petrus Damiani. Romuald starb schließlich in Valdicastro, einer ebenfalls von ihm gegründeten Einsiedelei.

Mag auch eine gewisse, nicht zuletzt in seiner Askese zum Ausdruck kommende soziale Unverträglichkeit Romualds mitursächlich für dessen Unstetigkeit gewesen sein, so wird doch auch deutlich, dass hier ein neues Modell religiösen Lebens aufscheint, das eben wieder da anzuknüpfen sucht, wo man den Ursprung der *vita religiosa* vermutete: bei den Mönchen des Ostens, die in den Wüsten Ägyptens und Palästinas gelebt hatten, deren Lebensbeschreibungen man las und die ja auch gerade in der *Regula Benedicti* als die eigentlichen Vorbilder benannt worden waren. Petrus Damiani, Bewunderer und «Biograph» Romualds, formulierte diese neue Sichtweise prägnant, als er betonte, das Kloster solle nicht Wohnung, sondern Übergang, nicht Wohnort, sondern nur Herberge, nicht Ziel des Strebens, sondern nur ein Ort der Ruhe auf dem Weg sein (ep. 152).

Trotz dieser neuen Funktionalität, die dem Kloster – von nicht wenigen Zeitgenossen noch als Abbild des Paradieses oder des himmlischen Jerusalems verstanden – hier zugewiesen wurde, blieb Romualds Gemeinschaft den Normen der Benediktsregel verpflichtet, dies jedoch in einer neuen und beispielhaften Weise, die gemeinschaftliches mit eremitischem Leben verband. So gab es in Camaldoli zum einen das Eremitorium – den *Sacro Eremo* –, in dem eine kleine Anzahl von Brüdern in eigenen Häuschen allein oder zu zweit lebte. Dort aß, betete, studierte und arbeitete jeder für sich; nur am Sonntag traf sich der Konvent zur Feier des Gottesdienstes, zur gemeinsamen Mahlzeit und zum wöchentlichen Konventskapitel, bei dem Verfehlungen angeklagt und Aufgaben zugewiesen wurden. In ungefähr drei Kilometern Entfernung lag zum anderen das zugehörige Kloster Fontebuona, dessen wesentliche Aufgabe neben der Beherbergung von Gästen in der Versorgung der Eremiten bestand.

Für alle galt die Benediktsregel, wobei nicht nur versucht wurde, sie wörtlich zu befolgen, sondern auch, wo dies geboten schien, in höchstmöglicher Strenge zu leben: So sollte im Eremitorium vollständiges Schweigen herrschen, es wurde kein Wein gereicht, und an fünf Tagen der Woche musste bei Wasser und Brot gefastet werden. Dem Prior des Sacro Eremo kam nicht nur die Leitung des zugehörigen Klosters mit zu, sondern unter seiner Suprematie stand die gesamte sich entwickelnde Gemeinschaft der Kamaldulenser. Unter Rudolfus, dem 4. Prior von Camaldoli, wurden Konstitutionen niedergeschrieben, die künftig die Benediktsregel ergänzen sollten und die dem entstehenden Verband eine verbindliche Ordnung gaben. Nun war der in der *Regula Benedicti* nur angesprochene Wechsel aus dem Kloster in das Eremitorium, in den Einzelkampf der Wüste, auch normativ bestätigt.

Die Gemeinschaft der Kamaldulenser hatte rasch Zulauf und verfügte bald über eine große Anzahl von Niederlassungen, zu denen Abteien, Priorate und Einsiedeleien zählten. Ob bereits unter Romuald Frauen zur Gemeinschaft zählten, ist unklar. Die erste sichere Gründung eines Klosters für sie erfolgte 1085 unter dem genannten Prior Rudolfus in Florenz (San Pietro a Luco); weitere sollten folgen. Der Weg in die Eremitorien wurde den Frauen jedoch versperrt; sie durften einzig in Klöstern leben, von denen einige auch als Doppelklöster bestanden.

Die Kamaldulenser entwickelten eine neue Form benediktinischen Lebens, die unter einem Abt an zwei Orten praktiziert wurde: Ein traditionelles Kloster, hier Fontebuona, diente als Aufenthaltsort von Mönchen, die für die Versorgung der rund 3 Kilometer entfernt lebenden Eremiten des Sacro Eremo verantwortlich waren.

Vallombrosaner und andere eremitische Kongregationen

Romuald und seine Anhänger waren jedoch nicht die Einzigen, die nach neuen Formen religiösen und damit nicht zuletzt benediktinischen Lebens strebten. Giovanni Gualberto (gest. 1073) beispielsweise verließ das Kloster San Miniato, in das er – hierin Romuald vergleichbar – zur Buße eingetreten war, kam nach Camaldoli, ohne aber dort einzutreten, und gründete schließlich eine Tagesreise von seiner Heimatstadt Florenz entfernt, in einem schattigen Tal (lat. *Vallis umbrosa*) ein Kloster gleichen Namens: Vallombrosa. Mit ihm waren Mönche aus San Miniato und aus anderen benachbarten Klöstern gekommen. Ihr Ziel bestand von Anfang an darin, die Benediktsregel in besonderer Strenge und in ihrem wahren Sinn (*sensum regulae*) zu befolgen. Schrieb die Regel die persönliche Armut der Religiosen vor, so verfügte Giovanni Gualberto, dass nun auch die Gemeinschaft in Armut leben sollte, weshalb auch keine Landschenkungen angenommen werden durften. Das Kloster sollte wieder zu einem exklusiven Ort der Mönche werden. Laien hatten keinen Zutritt und durften auch nicht im Kloster begraben werden – eine sonst übliche Praxis, die sich Klöster teuer bezahlen ließen. So wie die Welt vor den Mauern bleiben sollte, war es den Brüdern streng untersagt, das Kloster jemals wieder zu verlassen. Sie sollten mit ihren Händen arbeiten; für die Erledigung schwerer Aufgaben, die auch ein Verlassen des Klosters notwendig gemacht hätten, führte man Laienbrüder – die bereits erwähnten Konversen – ein. Als Giovanni Gualberto starb, gehörten bereits acht Klöster zum entstehenden Verband, aus dem sich wenig später der Orden der Vallombrosaner entwickelte. An dessen Spitze stand der Abt von Vallombrosa, der damit als Generalabt fungierte. Seit der Mitte des 13. Jahrhunderts gehörten auch Frauenklöster zum Orden, der am Vorabend der Reformation rund achtzig Abteien und zweihundert Priorate, daneben karitative Einrichtungen wie Hospitäler umfasste.

Mit den Vallombrosanern vergleichbar – auch wenn sie nie deren Bedeutung erlangten – sind zwei weitere eremitische Kongregationen unter der Benediktsregel, die vor allem im normannischen Königreich Sizilien aktiv waren: die Gemeinschaften von Montevergine und Pulsano, Gründungen des Wilhelm von Vercelli (gest. 1142) und des Johannes von Matera (gest. 1139), die beide vom griechisch geprägten Mönchtum Süditaliens beeinflusst waren. Auch zu diesen Gemeinschaften zählten Frauenklöster, ebenso sind Doppelklöster bekannt, wie in San Guglielmo al Goleto in Kampanien.

Aber auch in Frankreich entwickelte sich benediktinisches Mönchtum in neuen Formen, von denen nur einige wenige kurz zu nennen sind: Im Jahr 1043 verließ der Kanoniker Robert de Turlande (gest. 1067) das Stiftskapitel von St-Julien de Brioude, in dem er seit 1026 gewirkt hatte, und begann in der Auvergne das Leben eines Eremiten. Ausschlaggebend hierfür war wohl eine Pilgerfahrt nach Rom, die ihn auch nach Montecassino geführt hatte. Programmatisch nannte er die neue Einsiedelei La Chaise-Dieu – Haus Gottes (*Casa Dei*). Der Ruf des Ortes und seines Gründers verbreiteten sich rasch, und bereits um 1050 war aus der anfänglichen Einsiedelei ein Kloster geworden, das von Papst Leo IX. (gest. 1054) und dem französischen König Heinrich I. (gest. 1060) gleichermaßen privilegiert wurde. Bei Roberts Tod gehörten bereits um die fünfzig Häuser, die alle dem Abt von La Chaise-Dieu unterstellt waren, zum entstehenden Verband.

Ganz ähnlich verlief auch die Geschichte der Abtei La Sauve-Majeure, unweit von Bordeaux. Gérard de Corbie (gest. 1095), zunächst Mönch in Corbie, später Abt von St-Vincent de Laon, war auf Pilgerreise in Richtung Santiago de Compostella und wollte dabei zugleich einen Ort finden, an dem er seine Vorstellung eines strengen und regeltreuen benediktinischen Lebens verwirklichen konnte, als ihm Herzog Wilhelm VIII. von Aquitanien (gest. 1086) im Jahr 1079 diesen Ort schenkte: abgeschieden in einem großen Wald, daher der Name Sauve-Majeure (lat. *silva maior*). Auch aus dieser Einsiedelei von zunächst acht Brüdern entwickelte sich durch Zustrom von Eintrittswilligen und reiche Schenkungen rasch das Haupt eines Verbandes mit mehr als fünfzig Prioraten bis nach England.

Nicht nur als Eremiten, sondern auch als Wanderprediger erregten Vitalis von Savigny (gest. 1122) und Bernhard von Tiron (gest. 1117) Aufmerksamkeit. Beide bewegten sich im Umfeld Roberts von Arbrissel (gest. 1116), des wohl bekanntesten unter den Predigern seiner Zeit, um den sich eine große Zahl Gleichgesinnter gesammelt hatte. Bevor Bernhard von Tiron zu predigen begann und im Wald von Craon, später auf der Insel Chausey in der Bretagne als Eremit lebte, war er zunächst Mönch in St-Cyprien bei Poitiers, dann Prior in der berühmten Abtei St-Savin-sur-Gartempe. In St-Cyprien hatte er zwischenzeitlich sogar das Amt des Abts inne, bevor er das Kloster erneut verließ und als Prediger umherzog. Mit Unterstützung des Bischofs Ivo von Chartres (gest. 1115/16) gründete er schließlich im Wald von Tiron ein Kloster, dem er die Benediktsregel, ergänzt um heute verlorene Bestimmungen, als Norm gab. Es entwickelte sich ein Verband, dem um die zwanzig Abteien und mehr als achtzig Priorate angehörten, die meisten in Westfrankreich und England.

Vitalis von Savigny wirkte als Kanoniker des Kollegiatstifts St-Evroul de Mortain, bevor er sein Amt und damit eine gut dotierte Pfründe verließ. Auch er zog in den Wald von Craon, um dort allein, aber doch in Gemeinschaft mit anderen Einsiedlern zu leben. Immer wieder zog er predigend umher und kam dabei bis nach England, das damals zum normannischen Herrschaftsgebiet zählte. Eine Schar von Anhängern und Schülern sammelte sich um ihn. Ein erster Versuch der Klostergründung war bereits gescheitert, als ihm Graf Raoul I. von Fougères (gest. 1124) den Wald von Savigny schenkte, in dem er schließlich um 1112/13 das gleichnamige Kloster gründete. Der Ruf des Vitalis und die Strenge der von ihm gewiesenen Art, die Benediktsregel zu befolgen, wirkten anziehend, so dass der Konvent beim Tod des Gründers und ersten Abts bereits hundertvierzig Mönche zählte und von Papst Calixt II. (gest. 1124) unter seinen Schutz gestellt worden war. Unter dem zweiten Abt Geoffrey (gest. 1139) begann die Expansion, und bereits 1147 gehörten einunddreißig Klöster zur Kongregation von Savigny. Auf jährlichen Versammlungen der Oberen, den Generalkapiteln (siehe S. 83), wurde über alle den Verband betreffenden Fragen entschieden. Unabhängigkeitsbestrebungen der englischen Häuser und wirtschaftliche Probleme infolge der raschen Expansion führten jedoch zum Ende der noch jungen Gemeinschaft. Auf dem Generalkapitel des Jahres 1147 wurde – wesentlich auf Initiative des vierten Abts von Savigny – beschlossen, dem Zisterzienserorden beizutreten.

7. Die Zisterzienser: Eine Gemeinschaft von Gleichen (ab 1098)

Zurück zum Ursprung: Armut und Regeltreue

Blickt man auf die Anfänge der Gemeinschaft, unterscheiden sich die frühen Zisterzienser kaum von den eben vorgestellten monastischen Erneuerungsbewegungen: Im Jahr 1098 hatte Abt Robert (gest. 1111) gemeinsam mit einundzwanzig Gefährten das von ihm selbst gegründete Kloster Molesme verlassen, weil es ihnen dort nicht mehr möglich schien, die Benediktsregel so zu befolgen, wie sie es für nötig hielten. Für Robert, der seine Profess auf eben diese Regel abgelegt hatte, war dies bereits der sechste Ortswechsel. Zeit seines Lebens war er auf der Suche, hatte als Einsiedler, als Mönch, als Prior und Abt in verschiedenen Klöstern und Eremitorien gelebt. Nun zog er mit seinen Mönchen in ein Cîteaux (*Cistercium*) genanntes Waldgebiet südlich von Dijon, wo man ein Leben in Einsamkeit führen wollte, das in allem den Forderungen der Benediktsregel entsprach. Es war an diesem Ort tatsächlich ein Neubeginn religiösen Lebens, weshalb man mit dem Namen des Klosters auch keine lokale Tradition aufgreifen konnte. Von den ersten Mönchen wurde es nicht Cîteaux, sondern schlicht, aber auch programmatisch, Neukloster (*Novum monasterium*) genannt.

So unbedeutend diese Gründung auch war, erregte sie doch rasch Aufsehen, vor allem, weil die in Molesme zurückgebliebenen Mönche bei Papst Urban II. Klage eingereicht hatten und verlangten, dass ihr Abt zurückkehren solle. Offenbar hatte der Weggang des ob seines religiösen Eifers in hohem Ansehen stehenden Vorstehers seine alte Abtei empfindlich getroffen. Die Sache wurde durch einen päpstlichen Legaten entschieden und Robert zur Rückkehr aufgefordert. Mit ihm ging ein großer Teil der Brüder zurück nach Molesme, abgeschreckt – wie man im Neukloster nicht ohne Stolz bemerkte – von der Rauheit und

Härte des Lebens dort. Anstelle Roberts wurde nun Alberich (gest. 1109), der zuvor Prior in Molesme gewesen war, zum Abt des Neuklosters gewählt. Bewusst entschied man sich also dagegen, das neue Kloster in ein Priorat des alten umzuwandeln, was die übliche Weise des Umgangs mit der bestehenden Situation gewesen wäre, zumal auch Molesme bereits über eine Anzahl von Prioraten verfügte.

Im Rückblick sollte sich diese Entscheidung der Mönche des Neuklosters als richtig erweisen: Der vorübergehend wohl auf weniger als zehn Mönche geschrumpfte Konvent erholte sich, wenn auch zunächst langsam. Rasch hingegen erhielt man bereits im Jahr 1100 ein päpstliches Schutzprivileg, und als sich der burgundische Herzog Odo I. (gest. 1102) nach seinem Tod auf dem Kreuzzug ausgerechnet im Neukloster begraben ließ, schien die größte Gefahr für die kaum drei Jahre alte Gründung gebannt. Odos älterer Bruder und Vorgänger als Herzog von Burgund, Hugo I. (gest. 1093), war nach seinem Amtsverzicht noch Mönch in Cluny geworden und wurde dort auch begraben. Dass einer der mächtigsten Adligen seiner Zeit sich nun gegen Cluny und für das Neukloster entschied, kann in seiner Wirkung auf die Zeitgenossen wohl kaum überschätzt werden.

Unter dem neuen Abt Alberich gewann das Kloster nicht nur zunehmend an Attraktivität, sondern es wurden auch bereits erste Grundlagen einer identitätsbildenden Ordnung gelegt, die wenig später kennzeichnend für den entstehenden Orden der Zisterzienser werden sollte, zugleich aber auch die Programmatik der neuen benediktinischen Reformbewegung repräsentierte. Erhalten haben sich diese ersten «Anordnungen der Mönche von Cîteaux, die aus Molesme kamen» in einem späteren Text, der die Eigengeschichte der jungen Gemeinschaft erzählte – das sogenannte *Exordium parvum*. Zwei Leitideen sind es, die in diesem ältesten Grundsatzprogramm dominieren: Armut und Regeltreue der klösterlichen Gemeinschaft. Diese beiden Motive liegen allen Bekundungen des Konvents zugrunde.

Verworfen wurde alles, was zum üblichen Besitz großer Klöster gehörte, aber nicht in der Benediktsregel als notwendiges Utensil eines weltabgewandten Lebens benannt war: Pelze,

Kämme, weiche Betten, verschiedene Gänge von Speisen und vieles mehr. Abgelehnt wurde der Besitz von Mühlen und Dörfern, von Rechtsansprüchen auf Zehnte und sonstige Abgaben, ja überhaupt von allem, was geeignet schien, das Klosterleben mit dem Leben in der Welt zu verbinden. Um dennoch den Geboten der Regel gerecht zu werden, denen zufolge man nicht von fremder Arbeit leben sollte, wurden im Neukloster Konversen aufgenommen. Vorbilder hierfür fand man in Camaldoli, Vallombrosa und Hirsau. Sie sollten die Arbeit auf sogenannten Grangien übernehmen – einem Kloster zugehörige Wirtschaftshöfe, aus deren Erträgen dessen Versorgung gesichert werden sollte. Wie die Klöster selbst – auch wenn es zunächst nur das Neukloster gab, war die Expansion mitgedacht – sollten auch die Grangien abseits menschlicher Siedlungen angelegt werden.

Cîteaux: Das Neukloster im Aufbruch

Als der Engländer Stephan Harding (gest. 1134) – er zählte ebenfalls zum Gründungskonvent – nach dem Tode Alberichs zum Abt gewählt wurde, war das Neukloster in seinem Bestand gesichert. Stephan war mit verschiedenen mönchischen Traditionen bestens vertraut: Bereits in jungen Jahren hatte er seine Profess auf die Benediktsregel abgelegt und seitdem in zahlreichen Klöstern Englands, Schottlands und Frankreichs gelebt, ebenso aber auch Camaldoli und Vallombrosa kennengelernt. Seit dem Rückzug Roberts nach Molesme übte Stephan im Neukloster das Amt des Priors aus. Er besaß somit sowohl die nötige Erfahrung, um die Geschicke des Hauses zu lenken, als auch den Eifer, dort weiterhin «die Regeltreue zur Richtschnur des ganzen Lebens» zu machen, wie es in der ersten, eben bereits genannten «Anordnung» der Gemeinschaft programmatisch formuliert war.

Dass gerade sein Abbatiat zu einer Zäsur der zisterziensischen Geschichte werden sollte, lag jedoch nicht allein an Stephans Fähigkeit, den Mönchen des Neuklosters organisatorisch und spirituell Führung zu geben, sondern war zu einem nicht geringen Teil einem nicht vorhersehbaren Ereignis, ja einem Zufall geschuldet: Im Jahr 1113 trat ein gewisser Bernhard, Sohn eines Ritters aus dem Umfeld des burgundischen Hofes, mit ungefähr dreißig Mitgliedern seiner Familie in die noch kleine Gemeinschaft der Mönche des Neuklosters ein. Es sollten nur wenige Jahre vergehen, bis dieser nach seinem späteren Wirkort bald Bernhard von Clairvaux (gest. 1153) genannte junge Adlige gleichsam zur Personifikation eines ganzen Ordens werden sollte.

Die Aufnahme dieser Gruppe fiel dabei zugleich in eine Zeit, als die Gemeinschaft des Neuklosters soweit angewachsen war, dass der Konvent darüber nachdachte zu expandieren, also Tochterklöster einzurichten. Es ist nicht unwahrscheinlich, dass der Eintritt Bernhards und seiner Familie diese Entwicklung beschleunigte. Im Jahr 1113 gründete man zunächst La Ferté, 1114 folgte Pontigny, 1115 schließlich Clairvaux, in dem Bernhard erster Abt wurde. Unsicherheit herrscht bezüglich des Gründungsjahrs der vierten Tochter, Morimond; während lange Zeit auch 1115 angenommen wurde, plädiert die neuere Forschung eher für 1117/18. Diese vier ersten Gründungen des Neuklosters, das nun zunehmend auch unter seinem später üblichen Namen Cîteaux firmierte, gelten als zisterziensische Primarabteien. Ihnen sollte gemeinsam mit dem Mutterkloster ein Ehrenvorrang innerhalb des sich entwickelnden Ordens zukommen. Zugleich gelten diese vier Klöster als Ursprünge der vier Filiationen des Ordens (siehe S. 85). Damit sind – ganz genealogisch gedacht – die auf diese vier Abteien zurückweisenden Verwandtschaftslinien aller Klöster innerhalb der zisterziensischen Gemeinschaft bezeichnet.

Bereits mit der Gründung der ersten vier Tochterklöster hatte man den üblichen Weg verlassen, insofern keine Priorate – und damit vom Mutterkloster abhängige Häuser – eingerichtet wurden, sondern Abteien, die nicht nur geistliche Gemeinschaften, sondern auch selbständig agierende Rechtssubjekte waren. Jedem der Häuser stand ein Abt vor, zu dessen vornehmlichen Aufgaben es zählte – hierin dem Vorbild von Cîteaux folgend –, die Einhaltung der Benediktsregel durchzusetzen. Hier wie dort blieb die «Reinheit der Regel» (*puritas regulae*) ebenso wie das

Armutsgebot Richtschnur des Lebens. Während nicht wenige Armutsbewegungen die Grenze zur Häresie wenn nicht überschritten, so doch zumindest streiften, blieb für die Zisterzienser die Bindung an die Benediktsregel Garant ihrer nie infrage gestellten Zugehörigkeit zur anerkannten Tradition. Das Maß der Regel verhinderte die Maßlosigkeit der Armut.

Eine nicht geringe Herausforderung bestand freilich darin, dass die Benediktsregel zwar geeignet war, das Leben in einem Kloster zu organisieren, nicht aber, einen Klosterverband zu steuern. Cluny und nicht wenige der seit dem 11. Jahrhundert entstandenen Gemeinschaften hatten daher das zentralistische Modell eines Mutterhauses mit subordiniert-abhängigen Prioraten für sich gefunden. Für Cîteaux schien ein solcher Weg wohl auch deshalb nicht gangbar, weil die Benediktsregel zwar einen Prior vorsah, nicht aber Priorate. Und auch in der Vita Benedikts konnte man lesen, dass der Mönchsvater alle seine Gründungen einem Abt unterstellt hatte. Wie aber sollte das Verhältnis zwischen Abteien gestaltet werden, die rechtlich selbständig waren? Die Befolgung gemeinsamer *Consuetudines*, wie im Fall von Hirsau, Gorze, Siegburg und anderen war nur ein schwaches Band und – wie diese Beispiele belegen – kaum geeignet, einer Leitidee dauerhaft Ausdruck zu verleihen.

Die Erfindung des Ordens

Wohl im Zusammenhang mit der Gründung des zweiten Tochterklosters Pontigny im Jahr 1114 oder nur wenig später entwarfen die bis dahin entstandenen Klöster der Gemeinschaft um Cîteaux eine Verfassung als künftige Grundnorm. Annähernd zeitgleich mit den norditalienischen Kommunen, aber lange bevor moderne Nationalstaaten oder Föderationen sich derartige Konstitutionen gaben, verabschiedeten die Zisterzienser ein Rechtsdokument, in dem – für alle Zeiten verbindlich – der grundlegende Aufbau der Gemeinschaft, die Beziehungen der einzelnen Häuser untereinander und gegenüber der Gesamtheit, die Prinzipien von Legislative, Exekutive und Judikative sowie fundamentale und unabänderliche Rechte und Pflichten verbindlich festgeschrieben wurden. Im Prolog dieses von allen gemeinsam verabschiedeten Textes heißt es:

> In diesem Dekret bestimmten die genannten Brüder [Abt Stephan und seine Mitbrüder] und legten für ihre Nachfahren fest, um einem künftigen Bruch des gegenseitigen Friedens vorzubeugen, durch welchen Vertrag, auf welche Art und Weise, ja vielmehr mit welcher Liebe ihre Mönche, dem Leibe nach auf Abteien in verschiedenen Weltgegenden verstreut, dem Geiste nach unzertrennbar miteinander vereint bleiben sollten. Diesem Dekret wollten sie den Namen «Urkunde der Liebe» (*Carta Caritatis*) geben, denn es schließt jede Belastung durch Abgaben aus und hat so allein die Liebe und das Wohl der Seelen in göttlichen und menschlichen Dingen zum Ziel.

Es ist keinesfalls übertrieben, diesen Text als einen der Schlüsseltexte moderner Rechtsgeschichte zu bezeichnen. Seine Bedeutung übersteigt den engen Bereich der entstehenden Zisterzienser und sogar den religiöser Gemeinschaften, die sich nicht zuletzt durch die in der *Carta Caritatis* formulierten Grundsätze als Orden konstituieren konnten.

Vor den Zisterziensern wussten sich Klöster durch die gemeinsame Befolgung der gleichen Regel oder – dies steigerte den Zusammenhalt – auch gleicher *Consuetudines* verbunden. Klöster konnten in besitzrechtlicher Beziehung stehen, wenn eines faktisch dem anderen gehörte. Der Abt eines Klosters fungierte dann in Personalunion zugleich auch als Vorsteher aller zugehörigen Priorate. All diese und weitere Formen von Gemeinschaft konnten durchaus eng sein. Was derartigen Verbänden jedoch stets fehlte, waren Regularien, die für eine Erweiterung des bestehenden Kreises von Klöstern galten, waren Normen, die das Verhältnis der Häuser untereinander jenseits des Einzelfalls hypothetisch bestimmten, und Satzungen, die eine gleichberechtigte Partizipation aller Beteiligten garantierten. Stephan Harding und den Äbten der ersten Tochterklöster von Cîteaux kommt das Verdienst zu, an die Stelle des Bestehenden ein Modell gesetzt zu haben, das zum Maßstab weit über die eigene Gemeinschaft hinaus werden sollte. Im Jahr 1119 muss eine erste Redaktion der

Carta Caritatis bereits vorgelegen haben, da Papst Calixt II. (gest. 1124) in jenem Jahr eine Grundverfassung (*constitutio*) der Zisterzienser bestätigte. Die Arbeit am Text kam erst in den 1160er-Jahren zu einem Ende. Seitdem blieb die *Carta Caritatis* unverändert in Geltung – förmlich außer Kraft gesetzt wurde sie bis zum heutigen Tag nicht. Allerdings führte die schrittweise Einführung des Kongregationssystems (siehe S. 102) im Orden seit dem 15. Jahrhundert dazu, dass die organisatorischen Regularien der *Carta caritatis* ihre Relevanz verloren.

Wenn auch für manche inhaltlichen Details Vorläufer in anderen Gemeinschaften identifiziert werden können, so stellt das Dokument in seiner Gesamtheit ein Novum dar. Gleich das erste Kapitel verbot Äbten eines Mutterklosters, von ihren Tochtergründungen Abgaben zu verlangen – eine im Prioratssystem übliche Praxis. Die folgenden Kapitel stellten die Einheitlichkeit der Lebenspraxis in den verschiedenen Abteien ins Zentrum und schrieben vor, dass die Regel in allen Häusern so zu beachten sei wie in Cîteaux, wofür auch überall die gleichen liturgischen Bücher in Gebrauch sein sollten. Diese Anweisung setzte nicht nur die in Cîteaux geübte Praxis der Regelbefolgung als verbindliche Norm, sondern beförderte zugleich auch den Austausch zwischen den Klöstern. Der so entstehende Verband vereinte selbständige Abteien im Sinne der Benediktsregel, was ein hierarchisches Verhältnis der Häuser untereinander ausschloss. Einzig ein Ehrenvorrang des Mutterhauses Cîteaux und der vier Primarabteien sollte bestehen bleiben.

Durch jährliche Visitationen in den Tochtergründungen oblag es dem Vaterabt, die Einhaltung der geltenden Normen zu kontrollieren, nicht aber in das visitierte Kloster selbst einzugreifen. Vielmehr kam es dem Abt des Tochterklosters zu, die reklamierten Verstöße abzustellen und festgestellte Vergehen der Brüder zu ahnden. Cîteaux selbst sollte spätestens seit der Mitte des 12. Jahrhunderts durch die Äbte der Primarabteien visitiert werden. Über diese Visitationen wurden Berichte in doppelter Ausfertigung verfasst: Ein Exemplar hatte im Haus zu verbleiben, um bei der Visitation des kommenden Jahres kontrollieren zu können, ob die beanstandeten Punkte abgestellt waren. Das zweite wurde dem Generalkapitel vorgelegt, das auf Grundlage aller Berichte seine Entscheidungen traf.

Bei diesem Generalkapitel handelte es sich um die jährlich tagende Versammlung aller Äbte der Gemeinschaft in Cîteaux. Dort sollten sie, wie es in der *Carta Caritatis* heißt, «über das Heil der Seelen sprechen, Anordnungen treffen, wenn hinsichtlich der Beobachtung der heiligen Regel oder der Ordenssatzungen etwas zu verbessern oder zu fördern ist, sowie den Frieden und die gegenseitige Liebe neu beleben». Als Repräsentativorgan kommt dem Generalkapitel damit zugleich eine innovative Stellung in der Geschichte parlamentarischer Verfahren zu. Hier wurden alle die Gemeinschaft betreffenden Angelegenheiten durch die Äbte als gewählte Vertreter sämtlicher Häuser geregelt und entschieden. Ganz nach Bedarf wurde auf diesen Versammlungen stets auch das Eigenrecht der Zisterzienser fortgeschrieben. Neben Regel und Gewohnheiten, die von allen Häusern in gleicher Weise zu beachten waren, trat als weitere Säule des zisterziensischen Normensystems das durch alle Äbte gemeinsam in Geltung gesetzte Partikularrecht des nun entstehenden Ordens. Erst mit den Zisterziensern spricht man von einem religiösen Orden im eigentlichen Sinne. Seine Kennzeichen sind (1.) regelmäßige repräsentative und beschlussfähige Vollversammlungen (Generalkapitel), auf denen (2.) das Eigenrecht der Gemeinschaft ausgearbeitet und in Geltung gesetzt wird. Die Einhaltung des bestehenden Rechts wird zudem (3.) durch regelmäßige Visitationen kontrolliert.

Dieses Verfassungsmodell war also in seinen wesentlichen Elementen bereits im zweiten Jahrzehnt des 12. Jahrhunderts entwickelt, als gerade einmal zwölf Abteien zum neuen Orden von Cîteaux zählten. Das Potential der *Carta Caritatis* lag jedoch darin, die Gemeinschaft zu erweitern und dabei den Geist des Ursprungs – die strikte und einheitliche Befolgung der Benediktsregel – auf Dauer zu stellen. Sollte ein Kloster als Tochter neu gegründet werden, hatten alle Normen der Zisterzienser konsequent auch hier zu gelten. Ohne die vorab einzuholende Billigung dieser Regel durch den jeweils zuständigen Ortsbischof durfte kein neues Kloster entstehen. Auf diese Weise konnten

Konflikte zwischen den verschiedenen Instanzen und Rechtskreisen von vornherein ausgeschlossen werden, unterstand der Bischof doch dem allgemeinen Recht der Kirche und war auch verpflichtet, dieses in seiner Diözese durchzusetzen, während die Zisterzienser ergänzend einem nur für sie geltenden Sonderrecht unterlagen. Aber auch bisher selbständigen Abteien oder bestehenden Kongregationen, die sich einer bestimmten Filiation der Zisterzienser anschließen wollten, wurde dies nur dann gestattet, wenn sie bereit waren, die Normen der Zisterzienser vollumfänglich zu beachten. Das so entstandene Organisationsmodell verband die gemeinsame «Observanz untrennbar mit korporationsrechtlicher Kohärenz» (G. Melville). Konsequent wurde dieses Prinzip auch auf die Konversen übertragen, die einer eigenen Ordnung (*Usus conversorum*) unterstellt waren.

Das Netz der Zisterzen und Bernhard von Clairvaux

Im Zuge dieser Entwicklungen stieg die Zahl der Zisterzen in den folgenden Jahrzehnten mit einer solchen Geschwindigkeit an, dass sie schon bald in einem dichten Netz die lateinische Christenheit überspannten. Weit mehr als dreihundert Häuser zählten um 1150 bereits zum Orden, nur einhundert Jahre später sollte diese Zahl bereits auf fast sechshundertfünfzig angewachsen sein und sie stieg noch deutlich weiter. Hinzu kamen noch einmal achthundert Klöster der Zisterzienserinnen, die aber oftmals in nicht eindeutiger rechtlicher Beziehung zum Orden standen und in den meisten Fällen auch nicht Teil der männlichen Filiationslinien waren.

An der Expansion der Zisterzienser waren die vier Primarabteien und Cîteaux, das Mutterhaus aller Zisterzienser, in ganz unterschiedlicher Weise beteiligt: Während La Ferté nur sechzehn, davon elf in Italien, und Pontigny dreiundvierzig Tochterklöster, überwiegend in Frankreich, initiierte, lassen sich für die Filiation von Cîteaux immerhin um die hundert Gründungen dokumentieren, wobei die vier Primarabteien und deren Töchter nicht mitgezählt sind. Deutlich expansiver präsentiert sich im Vergleich die auf Morimond zurückreichende Filiation: Weit

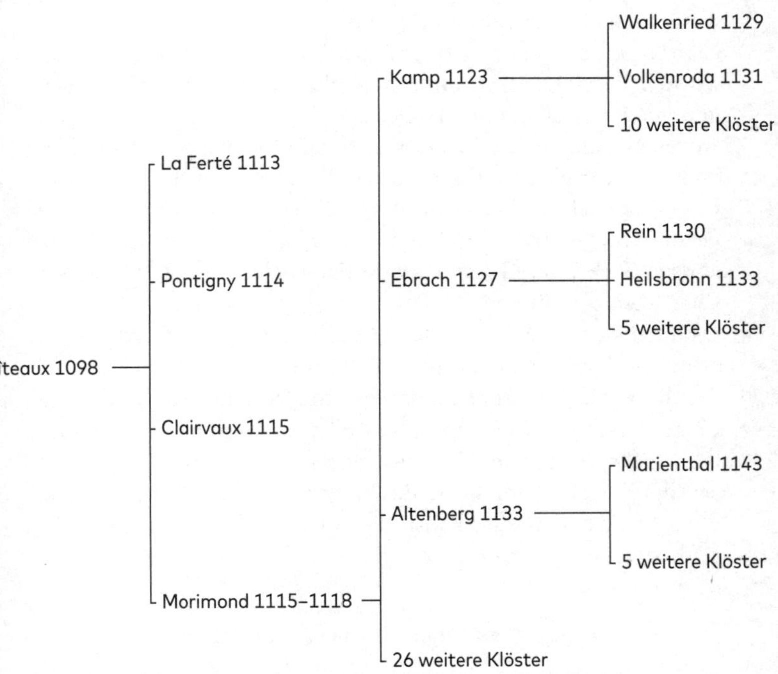

Hatte ein Zisterzienserkloster eine bestimmte Größe erreicht, wurde ein Tochterkloster gegründet, für das der dann zum Vater gewordene Abt des Mutterklosters spirituelle Verantwortung trug. Dieses Prinzip der Filiation hatte seinen Ursprung in Cîteaux und pflanzte sich, einem Stammbaum vergleichbar, über Generationen von Tochter- und Enkelklöstern fort. Die meisten Klöster im heutigen Deutschland führen sich auf die Primarabtei Morimond zurück.

über zweihundertfünfzig Tochterklöster sind hier nachweisbar, wobei den Abteien Kamp (1123), Ebrach (1127) und Altenberg (1133) besondere Bedeutung zukommt, da von ihnen aus fast alle Zisterzen im deutschen Raum gegründet wurden.

Die mit Abstand größte Filiation führte sich jedoch auf Clairvaux zurück: Weit mehr als dreihundertfünfzig Klöster, davon achtzig direkte Gründungen, sahen schließlich in dieser Abtei ihr Mutterhaus. Dieses dynamische Wachstum verdankte sich ganz wesentlich dem Ruf und engagierten Wirken Bernhards von Clairvaux, der schon früh zur Symbolfigur seines Ordens geworden war. Seiner Strahlkraft wollten Adlige ihre Stiftungen unterstellt wissen, konnten sie sich doch erhoffen, auf diesem Weg an seiner Heiligkeit teilzuhaben. Bernhard sei ein «Menschenfischer», schrieb sein Vertrauter Wilhelm von St. Thierry (gest. 1141), der selbst als Abt des weithin berühmten Benediktinerklosters St-Thierry nahe Reims resignierte, um dem schon im Leben als Heiliger Geltenden künftig als einfacher Zisterzienser nachfolgen zu können.

Hinzu kam eine Entwicklung, die von der *Carta Caritatis* gar nicht vorgesehen war, die aber nicht unwesentlich zum Anwachsen des Ordens betrug: die Integration bestehender Häuser, ja ganzer Kongregationen in dessen Filiationssystem. So baten im Jahr 1147 gleich zwei Gemeinschaften das zisterziensische Generalkapitel um Aufnahme: die Kongregation von Savigny (siehe S. 75) mit über dreißig Klöstern und das Kloster Obazine mit dem zugehörigen Priorat Coyroux.

Zögerliche Aufnahme von Frauenklöstern

Diese beiden Beispiele sind auch aus einem anderen Grund von Interesse, lenken sie den Blick doch auf die Präsenz von Frauen im Zisterzienserorden. Als das zisterziensische Generalkapitel der Aufnahme von Obazine und Savigny in den Orden zustimmte, erfolgte diese Entscheidung nur gegen interne Widerstände und infolge eines persönlichen Engagements Papst Eugens III. (gest. 1153), des ersten Zisterzienserpapstes. Andere, wie der englische Kloster- und spätere Ordensgründer Gilbert von Sempringham (gest. 1189), scheiterten hingegen auf dem Generalkapitel des gleichen Jahres am zisterziensischen Widerstand gegen die Aufnahme von Frauenklöstern in den Orden, und dies obwohl die ihm unterstehenden Schwestern bereits nach der Benediktsregel und an zisterziensischen Gewohnheiten orientiert lebten. Der Grund für diese Ablehnung lag vor allem in der fehlenden Bereitschaft der versammelten Äbte, die Seelsorge der Frauen zu übernehmen.

Anders als viele der oben vorgestellten neuen eremitischen Bewegungen innerhalb der benediktinischen Familie sperrten sich die Zisterzienser lange Zeit vehement gegen die förmliche Inkorporation von Frauen in den Orden. Freilich sind schon früh Frauenklöster in ihrem Umfeld nachweisbar, die nach zisterziensischen Gebräuchen lebten, so Jully-les-Nonnains, dessen Gründung wesentlich auf die Initiative Bernhards von Clairvaux zurückging, der hier unter anderem eine Schwägerin und eine Schwester versorgt wissen wollte. Dennoch verzichtete man darauf, Jully einer der bestehenden Filiationen einzugliedern, sondern unterstellte das Kloster dem Abt von Molesme. Von Jully aus wiederum wurde um 1120 mit der Einrichtung eines Frauenklosters begonnen, das zwar dem Abt von Cîteaux unterstellt sein sollte, dessen Zugehörigkeit zum Zisterzienserorden den Forschungen Franz Feltens zufolge jedoch für die ersten hundert Jahre eher fraglich ist: Le Tart, eine halbe Tagesreise von Cîteaux entfernt. Erst als zum Ende des 12. Jahrhunderts um Le Tart ein eigener Verband von mindestens achtzehn zugehörigen Häusern gewachsen war, dem die Äbtissin des Mutterklosters vorstand und in dem sie für die Einhaltung der Disziplin Verantwortung trug, reklamierten die Zisterzienser die Abtei als dem eigenen Orden zugehörig. Zu dieser Zeit sind tatsächlich auch weitere Inkorporationen von Frauenklöstern in den Orden nachweisbar.

Trotz einer auch in den folgenden Jahren zwischen schroffer Ablehnung und widerwilliger Akzeptanz schwankenden Haltung des zisterziensischen Generalkapitels gegenüber dem Wunsch der Frauen nach Aufnahme in den Orden, übertraf die Zahl der Klöster für Frauen bald diejenige der für Männer reservierten. «Zahlreich wie die Sterne des Himmels» seien die Klöster der Zisterzienserinnen, wusste Kardinal Jakob von Vitry (gest. 1240) schon für die ersten Jahrzehnte des 13. Jahrhunderts zu berichten. Die Dynamik gerade des weiblichen Ordenszweigs ließ sich auch durch immer wieder ausgesprochene Inkorporationsverbote nicht bremsen.

Die Zisterzienser als Modell

Zisterzienserinnen und Zisterzienser überformten Europa. Sie taten dies durch ihre schiere Präsenz, vor allem aber auch durch das, was als Neuerung in die *vita religiosa* nicht nur benediktinischer Prägung eingebracht worden war. Mit der Etablierung jährlicher Kapitel, auf denen das Eigenrecht entsprechend den jeweiligen Erfordernissen fortgeschrieben wurde, sowie mit den filiationsinternen Visitationen hatte der Orden die Bedingungen geschaffen, um seine Leitlinien dauerhaft durchzusetzen: die strikte und gleichförmige Regelbefolgung einerseits sowie das Postulat der Armut – oder doch zumindest das der Verhinderung einer Akkumulation und symbolischen Präsentation von Reichtum – andererseits. Die Verknüpfung des traditionellen benediktinischen Prinzips autonomer Häuser mit dem organisatorischen Modell von Filiationen, in denen die Häuser aus Gründen der Seelsorge oder zur Minderung wirtschaftlicher Not in einem Fürsorgeverhältnis standen, sowie mit dem verbindenden Gremium des Generalkapitels bedeutete Stabilität. In der Folge gewannen der Orden und seine Institutionen Modellcharakter, weshalb man das 12. Jahrhundert auch als «Zisterziensisches Zeitalter» ansah. Neue Orden wie die unter der Augustinusregel stehenden Prämonstratenser oder Dominikaner, aber auch kleinere benediktinische Gemeinschaften wie die eremitisch lebenden Cauliten und Wilhelmiten, ja selbst noch die Birgitten unter ihrer ganz eigenen Regel (*Regula Salvatoris*) orientierten sich an zisterziensischen Normen.

Das traditionelle Benediktinertum war nicht in eine existentielle, wohl aber eine Legitimationskrise geraten. Doch man reagierte: Äbteversammlungen fanden auch außerhalb der neuen Orden und Kongregationen statt, so zum Beispiel innerhalb der Diözese Reims, wo im Jahr 1131 achtzehn Obere zusammenkamen. Auch hier wurden Beschlüsse gefasst, die auf eine strengere Beachtung der *Regula Benedicti* abzielten: Die Fastenzeiten sollten eingehalten, der Fleischverzehr untersagt und die Schweigezeiten ausgeweitet werden. Daneben wurden eine Minderung des liturgischen Pensums und eine Vereinfachung der Offizien beschlossen. Zudem verkündete man im Abschlussdokument, sich künftig jährlich zu versammeln, um so rasch auf Missstände oder andere Erfordernisse reagieren zu können, was in den Folgejahren auch nachweislich geschah. Gemeinschaftsstiftend sollte darüber hinaus die Einrichtung eines Gebetsbündnisses wirken, innerhalb dessen man künftig der Verstorbenen aller beteiligten Klöster gemeinsam gedenken wollte, wie es beispielhaft in Cluny und den mit ihm verbundenen Klöstern praktiziert wurde. Bernhard von Clairvaux äußerte höchstes Lob für das Engagement der auf diesem Provinzkapitel versammelten Äbte. Der Cluniazenser und Kardinallegat Matthäus von Albano (gest. 1135) hingegen kritisierte die Beschlüsse insbesondere hinsichtlich der Minderung des Psalmengesangs als unnötigen Eingriff in die Tradition. Freilich bemühte man sich in dieser Zeit gerade auch bei den Cluniazensern um Reformen, wie die Anstrengungen des Petrus Venerabilis (gest. 1156) verdeutlichen, unter dem sich die Cluniazenser erstmals Statuten nach dem Modell der Zisterzienser gaben. Petrus verwies aber zugleich weitsichtig darauf, dass es stets leichter sei, etwas Neues zu beginnen, als etwas Bestehendes zu erneuern.

Die Diskussionen über die angemessene Form eines Lebens nach der Benediktsregel waren oft nicht frei von Polemik, und gerade Cluny wurde nicht selten als Symbol des Alten und Überkommenen geschmäht, dem man die Zisterzienser als leuchtendes Vorbild gegenüberstellte. Bernhard von Clairvaux war beileibe nicht der Einzige, der Cluny und die «alten» Benediktiner bezichtigte, nicht mehr nach der Regel Benedikts zu leben, sondern eher Herren als Mönche zu sein. Die Kritik entzündete sich nicht allein an materiellen Dingen und allem, was dem zisterziensischen Purismus widersprach. Der von den traditionellen Benediktinern zu den Zisterziensern übergetretene Mönch Idung von Prüfening hob vielmehr auf den institutionellen Zusammenhalt des Ordens ab, den er als wahre Form von Gemeinschaft rühmte: «All unsere Klöster bilden gleichsam einen Körper, weil sie von einem Haupt und mit dem jährlich auf dem Kapitel vermittelten Rat gelenkt werden; das macht unseren Orden so dauerhaft.» Verglichen damit seien die alten Benediktiner «kopflos», und jeder Abt tue und lasse, was und wie er gerade wolle.

Hierin lag in der Tat die größte Herausforderung derjenigen Klöster, die keiner der bestehenden Gemeinschaften – seien es jene neuen wie Zisterzienser, Vallombrosaner oder Kamaldulenser, seien es jene älteren Prioratsverbände wie die um Cluny oder Montecassino – angehörten: Ein benediktinisches Kloster war selbständig und rechtlich mehr noch dem Bischof, der visitierte, als einem anderen Abt verpflichtet. Aus dem Zusammenwirken dieser beiden – Abt und Diözesanbischof – resultierten zwar durchaus auch Impulse für Reformen klösterlicher Observanz, doch kam dem Beschlossenen stets nur sehr eingeschränkte Verbindlichkeit zu. Päpstliche Reformanstöße waren demgegenüber nicht so einfach zu ignorieren, betrafen aber oftmals nur einzelne Häuser. Neue Möglichkeiten, um allgemeinverbindliche Normen auch für solche Klöster zu setzen, die keiner partikularrechtlich organisierten Gemeinschaft angehörten, bot seit dem 12. Jahrhundert zunehmend das Kirchenrecht. Unter den Päpsten, die dieses neue Instrumentarium souverän anzuwenden wussten, ist vor allem Innozenz III. (gest. 1216) zu nennen, der seit seinem Amtsantritt bemüht war, Klöster nach zisterziensischem Vorbild zu regulieren, und zwar mit Beteiligung von zisterziensischen Äbten. Dies verweist auf die modellhafte Bedeutung, die den Zisterziensern und ihrer organisatorischen Struktur mittlerweile zugesprochen wurde.

8. Erneuerung des benediktinischen Modells (13.–15. Jahrhundert)

Päpstliche Direktiven

Ein von Innozenz III. für das Jahr 1215 einberufenes allgemeines Konzil unternahm den Versuch, die Vielgestalt religiösen Lebens zu kanalisieren. Es wurde beschlossen, dass alle Klöster, die nicht bereits Teil eines überregional organisierten Ordens waren, am Modell der Zisterzienser zu orientieren seien. Vorgeschrieben wurde unter anderem die Abhaltung von Provinzkapiteln im dreijährlichen Rhythmus, auf denen auch die gegenseitigen Visitationen der Klöster zu organisieren waren. Doch war gerade dieser Beschluss wenig geeignet, den Einzelklöstern einen verbindenden institutionellen Rahmen zu geben. An keiner Stelle hatten Papst und Konzil sich nämlich zur Frage geäußert, wie die Provinzen zugeschnitten sein sollten, innerhalb derer sich die Klöster zusammenzufinden hatten. Da die Grenzen der Bistümer sich nicht immer mit den gewachsenen klösterlichen Beziehungsnetzen deckten, lassen sich Umsetzungen des Konzilsbeschlusses fast nur dort feststellen, wo bereits auf Diözesanebene mit der Abhaltung entsprechender Kapitel begonnen worden war, so im Bistum Mainz oder auch in England. Innozenz' Nachfolger im Papstamt waren in den folgenden Jahren erkennbar bemüht, die Abhaltung dieser Provinzkapitel verbindlich durchzusetzen, doch scheinen die Anstrengungen für keine Seite zufriedenstellend gewesen zu sein.

So klagte Jean le Long (gest. 1383), Abt von St-Bertin, in der Chronik seines Klosters noch aus der Distanz von hundert Jahren bitter über das Vorgehen Gregors IX. (gest. 1241): Der Papst habe für den Orden der Schwarzen Mönche des hl. Benedikt ebenso wie für andere Gemeinschaften viele bedrückende Konstitutionen erlassen; er habe die Benediktiner mit Visitationen angefeindet, die er durch Zisterzienser durchführen ließ. Diese hätten auch den Vorsitz der General- und Provinzkapitel übernommen und dabei viele vor den Kopf gestoßen. Worauf Jean le Long anspielte, sind Verfügungen Gregors IX. wie jene aus dem Jahr 1235 (*In medio Ecclesiae*), mit denen er den Oberen vorschrieb, ihre Kapitel nun jährlich statt im Dreijahresrhythmus abzuhalten, den Visitatoren erweiterte Vollmachten übertrug und die Mönche zur Klausur und Einhaltung des Armutsgebots verpflichtete.

Nicht wenige der durch Gregor IX. und auch bereits durch das IV. Laterankonzil von 1215 getroffenen Verfügungen gingen dabei auf eine Urkunde Innozenz' III. aus dem Jahr 1202 (*Cum ad monasterium*) zurück, mit der er der Gemeinschaft von

Subiaco ein regelgerechtes Leben eingeschärft und sie zur Änderung ihrer Gewohnheiten hinsichtlich der Kleidung, des Besitzes, des Schweigens oder des Fleischgenusses aufgefordert hatte. Gregor IX. ließ diese päpstliche Bulle später in das allgemeine Kirchenrecht aufnehmen und sie dadurch über den ursprünglichen Zusammenhang hinaus für verbindlich erklären. Immer wieder wurden neben administrativen Defiziten wie mangelnder Beteiligung an Provinzkapiteln insbesondere wirtschaftliche und disziplinarische Probleme beanstandet; vor allem aber lautete der wiederkehrende Vorwurf: Man halte die Gebote der Regel nicht ein. Durchaus selbstkritisch bezeugten die 1299 in St-Quentin zusammengekommenen Äbte der Reimser Kirchenprovinz nicht nur eklatante Verstöße gegen das Armutsgebot ihrer Mönche, sondern auch deren Fehlen beim täglichen Kapitel oder bei den Lesungen. Und damit nicht genug: sie würden sich mit Würfelspielen vergnügen, modische Kleidung tragen oder sogar Jagdtiere wie Hunde und Falken halten.

Doch auch diejenigen, die den traditionellen Benediktinern stets als Muster vor Augen gestellt worden waren, mussten päpstliche Eingriffe in ihre Verfassungsordnung hinnehmen. Päpste und Kurie waren seit dem 13. Jahrhundert für gewöhnlich juristisch bestens geschult und versuchten, ihre Vorstellungen einer diversifizierten und funktional differenzierten *vita religiosa* durchzusetzen. Zugleich waren mit Franziskanern und Dominikanern zwei neue Orden in den Vordergrund getreten, die sich vom benediktinischen Modell eines klösterlich-zurückgezogenen Lebens grundsätzlich unterschieden. Sie verkörperten nicht nur eine innovative Form religiöser Gemeinschaft, die Mobilität und *vita activa* an die Stelle benediktinischer *stabilitas* gesetzt hatte, sondern waren zugleich auch in viel stärkerem Maße an das Papsttum gebunden, von dem sie ihren Auftrag zu Predigt und Seelsorge unmittelbar empfangen hatten.

Die Zisterzienser blieben in den Augen der Päpste zwar die modellhaften Benediktiner, doch innerhalb des deutlich erweiterten Spektrums religiöser Lebensmodelle sahen sie sich zunehmend in den Hintergrund gedrängt. Sie mussten es nun ihrerseits hinnehmen, dass Papst Clemens IV. (gest. 1268) neben dem

Abt von La Chaise-Dieu (siehe S. 74) auch einen Dominikaner in eine Kommission berief, die Vorschläge einer zisterziensischen Verfassungsreform erarbeiten sollte. Die im Ergebnis veröffentlichte Bulle (*Parvus fons*) versuchte, die innerhalb des Musterordens aufgekommenen Probleme um das Wahlrecht eines Konvents, die Gremien des Generalkapitels und vor allem die Visitation von Cîteaux zu lösen und erwies sich dabei – trotz vereinzelt aufflammender Kritik – als normativer Markstein in der Geschichte des Ordens.

Dass die päpstlichen Reformvorschriften bei den Zisterziensern auf vergleichsweise große Resonanz stießen und auch Beachtung fanden, lag nicht zuletzt an der gestrafften Organisation des Ordens. Häufig waren dessen Vertreter sogar selbst an der Ausarbeitung solcher Reformbullen beteiligt. Die traditionellen Benediktiner fühlten sich hingegen nie als eine Gesamtheit angesprochen, da ihnen eine Struktur, die solche Gesamtheit hätte repräsentieren können, fehlte. Es kann folglich nicht überraschen, dass auch die breit angelegten Reformbemühungen des zisterziensischen Papstes Benedikt XII. (gest. 1342) für Augustiner, Franziskaner, Benediktiner und Zisterzienser in den 1330er-Jahren bei den adressierten Gemeinschaften ganz unterschiedliche Wirkungen hatten, die sich in einem breiten Feld zwischen Ignoranz und Akzeptanz bewegten. Eine der für die Benediktiner in der Bulle *Summi magistri* formulierten Neuerungen bestand in der erstmaligen Festsetzung von Provinzgrenzen, innerhalb derer künftig die vorgeschriebenen Kapitel stattfinden sollten. Sämtliche Benediktinerklöster, die keinem der bisher approbierten Orden angehörten, sollten nun einer der genau umrissenen 36 Provinzen zugeordnet sein, wodurch bestehende Unklarheiten in der Zusammensetzung von Provinzkapiteln beseitigt werden konnten. Zugleich ging es Benedikt XII. auch darum, den bisher nur durch die Praxis gemeinsamer Regelbefolgung verbundenen Benediktinern eine verbindliche regionale Gliederung zu geben.

Die päpstliche Bulle enthielt zudem einige grundsätzliche Neuerungen, unter denen die Verpflichtung zur intellektuellen Schulung der Mönche besonders herauszustellen ist. So sollte künftig in jedem Kloster ein Magister die Mönche in Grammatik, Logik und Philosophie unterweisen. Von je zwanzig Brüdern war der fähigste zu wählen und sollte zum Studium der Theologie nach Paris oder des Rechts nach Bologna gesandt werden. Die hierfür anfallenden Kosten hatten die Klöster zu tragen. Vorbildhaft für diese Entscheidung des Papstes waren die Gelehrtenorden der Franziskaner und Dominikaner, bei denen Wissenschaft und Studium schon seit mehr als einem Jahrhundert im Zentrum standen. Doch waren auch die Benediktiner nicht ganz so bildungsfern, wie es die päpstlichen Direktiven suggerieren: Die Zisterzienser verfügten seit 1246 über ein eigenes Studienhaus (Collège de St-Bernard) in Paris, die Cluniazenser immerhin seit 1269 (Collège de Cluny) ebenfalls in Paris.

Obwohl der Papst noch im gleichen Jahr zwei Äbte jeder Provinz als Exekutoren seiner benediktinischen Reformstatuten bestimmte, blieb deren Wirkung – trotz angedrohter und auch verhängter Strafen – zunächst begrenzt, die Widerstände hingegen waren deutlich vernehmbar. Schon Benedikts unmittelbarer Nachfolger, Papst Clemens VI. (gest. 1352), sah sich gezwungen, die wegen Nichtbeachtung von *Summi magistri* verhängten Strafen wieder aufzuheben.

Noch vor den traditionellen Benediktinern hatte Papst Benedikt Reformstatuten auch für seinen eigenen Orden, die Zisterzienser, erlassen, an deren Ausarbeitung die Äbte von Cîteaux und der Primarabteien (ausgenommen Pontigny) maßgeblich beteiligt waren. Im Zentrum dieser Bulle (*Fulgens sicut stella*) standen sowohl administrative als auch disziplinarische Weisungen, daneben außerdem wieder Fragen des intellektuellen Niveaus im Orden. Ebenso wie die traditionellen Benediktiner waren auch die Zisterzienser kaum an den neuen Schulen und Universitäten präsent, und die Zahl ihrer Studienhäuser stand weit hinter denen der Bettelorden zurück. Obwohl zisterziensische Äbte maßgeblich in die Ausarbeitung der Bulle eingebunden waren, traf auch sie keineswegs auf ungeteilte Zustimmung – im Gegenteil: der Widerstand überwog zunächst die Akzeptanz. Die Verurteilung laxer Fastengewohnheiten, die Rückkehr zum gemeinsamen Schlafraum oder die verschärften Rechenschaftspflichten der Äbte über die klösterlichen Finanzen sorgten dafür, dass die päpstliche Order nie förmlich in das Eigenrecht des Ordens aufgenommen wurde.

All diesen erkennbaren Widerständen zum Trotz war die Wirkung der Reformversuche Benedikts XII. keineswegs so schwach, wie lange Zeit von der Forschung angenommen. So wurden nicht wenige benediktinische Kapitel unter Bezug auf die päpstlichen Reformstatuten einberufen, und das Konzil von Pisa im Jahr 1409 bestätigte noch einmal ausdrücklich die vom Papst festgesetzten Provinzen. In England wurden die päpstlichen Vorgaben zur Frequenz der Kapitel sogar weitgehend befolgt. Wenig später sollten sich die benediktinischen Reformkongregationen von Subiaco, S. Giustina und Kastl in ihrer Programmatik auf *Summi magistri* beziehen, und auch die Zisterzienser zitierten die ihnen gewidmete Reformbulle *Fulgens sicut stella* – allen anfänglichen Protesten zum Trotz – in den Beschlüssen ihrer Generalkapitel immer wieder als wichtigen Referenztext neben der Benediktsregel.

Dass dennoch der Eindruck entstehen konnte, die päpstlichen Vorgaben seien eher ignoriert als beachtet worden, und die Widerstände hätten jeden Versuch der Befolgung im Keim erstickt, ist wohl vor allem auch auf das allgemeine Krisenszenario des 14. und 15. Jahrhunderts zurückzuführen: Die nicht mehr in Rom, sondern in Avignon residierenden Päpste, das seit 1378 bestehende Schisma zweier, schließlich dreier Päpste, das Klöster zur Entscheidung für die eine oder die andere Seite zwang, und der in Frankreich wütende Hundertjährige Krieg waren Faktoren, die auch unter normalen Umständen jeder gewohnten Ordnung abträglich gewesen wären. Hinzu kam eine seit dem ausgehenden 13. Jahrhundert feststellbare allgemeine Klimaabkühlung, die zu wirtschaftlichen Verlusten gerade auch der Klöster und zu wiederholten, ja regelmäßigen Hungersnöten führte. Vollends aus den Fugen geriet das Leben dann infolge der seit Mitte des 14. Jahrhunderts in ganz Europa wütenden Pest. Die Häuser der Religiosen wurden im selben Ausmaß entvölkert wie Dörfer und Städte, weshalb die vordringliche Sorge der Äbte und Prioren unter diesen Umständen nicht immer der regelmäßigen Durchführung von Provinzkapiteln galt.

Bettelorden als Vorbild: Silvestriner, Olivetaner, Wilhelmiten, Cölestiner

Dass die Reforminitiativen von Päpsten und Konzilien den Gemeinschaften nicht als Vorschläge oder Optionen, sondern als Verordnungen und Statuten übereignet wurden, entsprach dem zentralistischen Denken der Kurie und war wohl mitursächlich für ihre bisweilen zögerliche Befolgung. Zu keiner Zeit aber blieben Klöster bloßer Spielball äußerer Faktoren. Ja, mehr noch: Gerade dann, wenn die äußeren Umstände wenig günstig waren und vertraute Ordnungen sich auflösten, schien der Bedarf an religiösen Antworten besonders groß. Vorbildliches klösterliches Leben versprach nicht nur die Selbstheiligung derjenigen, die sich dafür entschieden hatten, sondern zugleich auch ein apostolisches, ja segensreiches Wirken für die Welt außerhalb der Klostermauern. Die dabei eingeschlagenen Wege der Benediktinerinnen und Benediktiner waren auch im 13., 14. und 15. Jahrhundert nicht wesentlich neu, sondern modellhaft erprobt: Befolgung gemeinsamer Observanzen und Gründung neuer Orden. Neu waren jedoch die konkreten Lösungen, die man fand, um dem Ziel eines regelkonformen Lebens auch weiter folgen zu können.

Neben der Verpflichtung zu gemeinsamen Kapiteln hatte das Konzil des Jahres 1215 auch festgelegt, dass in allen Klöstern künftig ausschließlich bereits approbierte Regeln befolgt werden dürften. Neue Formen klösterlichen Lebens wurden mithin nur gestattet, wenn sie sich an den Regeln des Basilius, des Augustinus, des Franziskus und eben Benedikts orientierten. Dass also weiterhin Gemeinschaften entstanden, die nach der Benediktsregel lebten, war somit auch einer gewissen Notwendigkeit geschuldet.

Eindrücklich ist diese Situation beispielsweise in der Vita des Silvester Guzzolini (gest. 1267) beschrieben, Stifter des Ordens von Monte Fano, der nach seinem Begründer später unter dem

Namen Silvestriner firmieren sollte. Im Anschluss an ein Leben als Kanoniker hatte sich Silvester in die Einsamkeit zurückgezogen, wohin ihm jedoch – ganz typisch für diese Konstellation – Bewunderer und Nachahmer folgten. Silvester stand also vor der Herausforderung, das religiöse Leben nun auch zu einem regulierten werden zu lassen. Da seien ihm, wie es in seiner Vita heißt, in einem Traum alle Ordensstifter erschienen, hätten ihm ihre Regeln präsentiert und ihn jeweils aufgefordert, sich für sie zu entscheiden – Silvesters Wahl fiel auf Benedikt.

Obwohl die Gemeinschaft nun unter der Benediktsregel stand, hatte Silvester doch auch die neuen Impulse des 13. Jahrhunderts aufgegriffen und «seine» Benediktiner an die Bedürfnisse der Zeit angepasst: Sowohl die anfänglich ostentative Armut – man wollte von Almosen leben – als auch das Engagement in der Seelsorge waren stark an den neuen Bettelorden orientiert. Am Beispiel dieser Mendikanten (von lat. *mendicare* «betteln») war auch die Verfassung der Silvestriner ausgerichtet, deren Klöster sämtlich einem vom Generalkapitel gewählten Generalprior unterstanden. Papst Johannes XXII. (gest. 1334) sollte dieses Wahlrecht des Kapitels später aufheben und das Leitungsamt des Ordens als Pfründe vergeben. Diese Praxis, die unter der Bezeichnung Kommende (Kommendataräbte oder -prioren) typisch für die Zeit war, knüpfte an die Tradition der Laienäbte an.

Mit ihrer Armutsorientierung markierte diese Gemeinschaft unter den seit dem 13. Jahrhundert entstandenen neuen Benediktinern keine Ausnahme. Mindestens die persönliche Besitzlosigkeit war für sie alle eines ihrer zentralen Anliegen, gerade in der jeweiligen Anfangszeit. Wie die Silvestriner lebten auch die Olivetaner (siehe S. 99) oder die zeitweise weit verbreiteten Wilhelmiten von Almosen, da ihnen die Erlaubnis zum Betteln gewährt worden war. Die Wilhelmiten, so benannt nach ihrem Stifter Wilhelm von Malavalle (gest. 1157), hatten unter Gregor IX. die Benediktsregel angenommen und standen unter starkem Einfluss der zisterziensischen Rechtsordnung. Auch die bereits erwähnten Cauliten waren dem Ideal der Armut verpflichtet; anders als von der Regel vorgeschrieben, akzeptierten sie jedoch einzig Rentenzahlungen als Einkünfte. Weder wollte man betteln noch direkt von landwirtschaftlichen Erträgen leben.

Derartige Erträge wiederum bildeten neben Schenkungen die Haupteinnahmequelle der insbesondere im Norden Italiens, aber auch in Frankreich und dem deutschen Sprachraum verbreiteten Cölestiner. In ihren eremitischen Anfängen sind sie vielen der bereits vorgestellten Gemeinschaften vergleichbar. Im Jahr 1263 durch Papst Urban IV. (gest. 1263) unter der Benediktsregel approbiert, erhielt die Gemeinschaft neue Bedeutung, als ihr Stifter Petrus von Morrone (gest. 1296) im Jahr 1294 durch eine – wie man im Wahldekret eigens hervorhob – vom Heiligen Geist unmittelbar inspirierte Wahl zum Papst erhoben wurde und den Namen Cölestin annahm. Dem so gewonnenen Renommee des Ordens tat auch der Rücktritt Cölestins V. vom Papstamt noch im selben Jahr keinen Abbruch, obwohl nicht alle Verfügungen des Papstes zugunsten seiner Gemeinschaft ihre Geltung behielten. Bereits sein Nachfolger machte beispielsweise die Inkorporation Montecassinos in den neuen Orden rückgängig, die Cölestin trotz heftiger Proteste des dortigen Konvents bei Gelegenheit eines Besuchs vollzogen hatte.

Für die Geschichte des benediktinischen Mönchtums sind die Cölestiner jedoch vor allem von Bedeutung, weil sie ein originär mendikantisches Leitungsprinzip in ihrem Orden etablierten: die Begrenzung der Amtszeit von Oberen. Den Gepflogenheiten der Zeit entsprechend fungierte bei ihnen ein Generalkapitel als Leitungsgremium des Verbands. Zugleich wurde der besonderen Rolle des Mutterhauses auf dem Monte Morrone Rechnung getragen, an dessen Spitze ein vom Generalkapitel gewählter Abt fungierte. Alle anderen Häuser unterstanden einzig einem Prior. Neben der Leitung des Mutterklosters gehörten die Visitationen im Orden zu den vornehmlichen Pflichten des Abts. Aufgaben wie diese wurden ihm jedoch nicht mehr auf Lebenszeit, sondern immer nur für die Dauer von drei Jahren übertragen; seit den 1320er-Jahren waren ihm sogar zwei aufeinanderfolgende Amtszeiten untersagt. Während solche zeitlichen Befristungen von Ämtern bei den Mendikanten üblich waren, stellten sie für Benediktiner ein Novum dar. Mit ihnen endete das bisher unbestrittene Prinzip einer monarchischen Abtsherrschaft.

Einem solchen Prinzip zeitlich begrenzter Ämter hatten sich auch die Olivetaner verpflichtet. Ob sie die Anregung dazu von den Cölestinern nahmen oder ob ihr Gründer, der Sieneser Patriziersohn Bernardo Tolomei (gest. 1348), hier dem Beispiel der Dominikaner folgte, bei denen er seine Ausbildung erhalten hatte, muss ungeklärt bleiben. Nach wundersamer Heilung von Krankheit – er drohte zu erblinden – hatte er sich aus dem städtischen Leben Sienas zurückgezogen, in das er bis dahin in führenden Ämtern eingebunden war. Mit zwei Gleichgesinnten zog er sich auf ein der Familie gehörendes Landgut (Monte Oliveto) zurück und lebte dort als Einsiedler. Auch um diese drei sammelten sich Anhänger und Verehrer, so dass die entstandene Gemeinschaft im Jahr 1319 unter Annahme der Benediktsregel durch den Ortsbischof approbiert wurde. Um zu verhindern, dass ihr Kloster als Kommende (siehe S. 97) vergeben wurde, ließen die Brüder sich zugleich bestätigen, dass von nun an immer nur Mönche der Gemeinschaft als deren Äbte wirken durften. Der Orden wuchs langsam, aber stetig, so dass ihm zur Mitte des 15. Jahrhunderts annähernd dreißig Klöster als Priorate angehörten. Bereits in der Anfangszeit wich man von der reinen Regel ab, indem die Amtszeit des Abts immer auf ein Jahr begrenzt sein sollte. Vor jedem Kapitel hatte der Abt von Monte Oliveto sein Amt zur Verfügung zu stellen und durfte dieses nur dann für ein weiteres, ab 1351 für drei weitere Jahre ausüben, wenn ihm diese Aufgabe erneut und förmlich übertragen wurde. Untypisch für benediktinische Gemeinschaften ist auch die Befugnis des Generalkapitels, in die Konvente selbst einzugreifen und die Mönche des einen in ein anderes Kloster zu schicken. Zwar waren solche Versetzungen auch bei den Cluniazensern des 13. Jahrhunderts üblich, wurden dort jedoch nur in Fällen ökonomischer Überlastungen einzelner Häuser angewendet. Bei den Olivetanern aber stand hier zweifellos das mendikantische Prinzip einer Bindung des Einzelnen an den Gesamtverband statt an ein bestimmtes Kloster Pate. Zugleich verdeutlichen diese und andere Praktiken aber vor allem auch das enorme Potential der Benediktsregel und die Flexibilität, die im Umgang mit ihr entwickelt wurde.

Die Entmachtung der Äbte in den Kongregationen

Alle diese jungen unter der Benediktsregel entstandenen Orden hatten ein wesentliches Kennzeichen: der einer je spezifischen Leitidee verpflichtete Neubeginn ihrer Gründer. Obwohl sie auf bewährte institutionelle Muster zurückgriffen, brachte doch jede dieser Gründungen den Bruch mit dem Bestehenden zum Ausdruck. Neben denen, die Neues begannen, standen jedoch immer auch jene, die ihre Aufgabe darin sahen, das Bestehende zu reformieren, auch wenn dies – wie der Cluniazenser Petrus Venerabilis angemerkt hatte (siehe S. 89) – der schwerere Weg war. Wie schon für die benediktinischen Erneuerungsbewegungen des 11. Jahrhunderts waren auch im 14. und 15. Jahrhundert *Consuetudines* – jene innerhalb eines Hauses oder Klosterverbands gepflegten Gewohnheiten – ein zentrales Instrument nicht nur für die Verbreitung reformerischer Ideen, sondern auch für die Etablierung gemeinsamer Observanzen. Als wichtiger Impulsgeber erwies sich hier der benediktinische Gedächtnisort Subiaco, wo in der zweiten Hälfte des 14. Jahrhunderts *Consuetudines* entstanden, die nördlich der Alpen großen Einfluss gewinnen sollten.

Noch wichtiger wurde Santa Giustina in Padua, ein Kloster mit großer Geschichte, das unter Kommendataräbten verarmt und in die Bedeutungslosigkeit gefallen war. Im Jahre 1408 bestellte Papst Gregor XII. (gest. 1417) den Augustiner-Chorherren Ludovico Barbo (gest. 1443) zum neuen Abt für die nur noch drei verbliebenen Benediktiner. Ein solches Vorgehen war für die Zeit nicht unüblich – Barbo selbst war bereits der zweite neu eingesetzte Abt von S. Giustina binnen weniger Jahre. Doch scheinen in seinem Fall sowohl zeitliche Umstände als auch persönliche Absichten günstig für einen Neuanfang gewesen zu sein, auch wenn die Erfolgsgeschichte des Klosters in den ersten Monaten von Barbos Abbatiat kaum absehbar war. Mit ihm lebten neben den drei Benediktinern zunächst zwei Kamaldulenser, die zumindest mit der hier nun für alle geltenden Benediktsregel vertraut waren, sowie zwei Augustiner aus Barbos altem Konvent. Eine gemeinsame Observanz war unter diesen Voraussetzungen nicht einfach zu gestalten. Nachdem aber tatsächlich wieder Novizen kamen und sich der Ruf des Neubeginns verbreitete, begann das Kloster zu wachsen, und von S. Giustina aus wurden binnen kurzer Zeit sogar wieder Klöster neu gegründet oder entsprechend dem dortigen benediktinischen Modell reformiert, darunter auch zahlreiche Frauenklöster vor allem in den norditalienischen Städten. Zunächst war es offensichtlich nur die Strenge der Regelbefolgung, die ansprechend wirkte; schon bald aber kamen administrative Neuerungen hinzu, die weit über Padua und Italien hinaus wirkmächtig wurden.

Anfangs war der so entstandene Verband noch ganz auf Barbo und das Mutterhaus konzentriert, so legten etwa alle Novizen ihre Profess vor dem Abt von S. Giustina ab, dem auch die Prioren der Tochterhäuser untergeordnet waren. Dann aber wurden rasch Strukturen geschaffen, die für Benediktiner bisher beispiellos waren. Zwar zählten das bereits früh etablierte Generalkapitel ebenso wie die im jährlichen Turnus bestimmten Visitatoren noch zu den üblichen und zeittypischen Verfassungsorganen religiöser Gemeinschaften, doch wichen deren jeweilige Kompetenzen deutlich vom gängigen Modell ab. Signifikant und in seiner Außenwirkung wohl am eindrücklichsten war die vollständige Abschaffung abbatialer Souveränität innerhalb der neuen Kongregation, die durch Papst Martin V. (gest. 1431) bestätigt wurde: Ab den 1430er-Jahren wurden die Äbte der einzelnen Häuser nicht mehr von den jeweiligen Konventen gewählt, sondern durch ein dem Generalkapitel vorstehendes Gremium – das sogenannte Definitorium – bestimmt. In diesem jährlich neu zu besetzenden Leitungsorgan wiederum sollten die Äbte gegenüber anderen Vertretern der Konvente stets in der Minderzahl sein. Das Definitorium wählte im jährlichen Turnus außerdem die Visitatoren des Gesamtverbandes, zudem kam ihm auch die Verfügungsgewalt über sämtliche Besitztümer der Kongregation zu. Abteien als besitz- und disziplinarrechtlich eigenständige Institutionen gab es nun nicht mehr; kein Haus – auch nicht S. Giustina – besaß einen Vorrang vor anderen. Die Leitungsgewalt lag stattdessen vollständig bei dem durch das Generalkapitel jährlich neu zu wählenden Definitorium. Alle Ämter wurden nur noch auf Zeit vergeben. Die Klöster der Frauen waren denen der Männer dabei organisatorisch gleichgestellt.

Eine gewinnorientierte Besetzung von Ämtern auf dem Weg der Kommende war damit faktisch ausgeschlossen, und die Gemeinschaft wurde auf den spirituellen Kern klösterlichen Lebens fokussiert: Gebet und Gottesdienst. Eingeführt wurde die tägliche und methodische Meditation. Freilich gab man mit all dem nicht wenige benediktinische Prinzipien preis: die Vollmacht des Abts, die Selbständigkeit der Klöster und auch die Ortsbeständigkeit der Mönche, die nun ebenfalls durch die Definitoren in andere Häuser versetzt werden konnten. All dies sorgte für Aufsehen und blieb nicht ohne Kritik. Zugleich wurde die Kongregation gerade wegen ihrer Eigenheiten ein attraktives Vorbild auch anderer Reformer, so im spanischen Valladolid, im französischen Chezal-Bênoit oder in Bursfelde (siehe S. 104). Einen ungeheuren Prestigegewinn bedeutete es, als sich im Jahr 1505 auch Montecassino der Kongregation von S. Giustina anschloss, die fortan als Cassinensische Kongregation bezeichnet wurde.

Während sich die von S. Giustina ausgehende Reform meist ohne landesherrliche Unterstützung ausbreitete, entstanden die benediktinischen Erneuerungsbewegungen andernorts oft dank der Initiativen, mindestens aber der Unterstützung des Adels. So richtete der kastilische König Johann I. (gest. 1390) im Jahr 1390 ein Kloster innerhalb seines Palastes in Valladolid ein, das zum Mutterhaus einer stetig wachsenden Kongregation wurde, zu der seit 1492 auch die berühmte Abtei Montserrat gehörte. Zu den Besonderheiten des Verbands von Valladolid zählte die von Anbeginn außergewöhnlich strenge Klausur nicht nur für die Frauen, sondern auch für die Männer. Ein Verlassen des Klosters nach der Profess wie auch jeder Kontakt seiner Bewohner mit der Welt sollte damit ausgeschlossen werden (*perpetua inclusio*).

Die vom oberpfälzischen Kloster Kastl ausgehende Reformbewegung wiederum wurde wesentlich durch den nachmaligen König Ruprecht (gest. 1410) gefördert. Und Herzog Albrecht V. von Österreich (gest. 1439) initiierte die nach ihrem Ausgangspunkt benannte Melker Reform. Neben dem Anspruch, die Regel wieder rein und unverfälscht zu befolgen, stand bei dieser in ganz Österreich und im süddeutschen Raum verbreiteten Bewegung insbesondere die von Benedikt XII. erhobene Forderung nach einer intellektuellen Schulung der Mönche im Vordergrund. Während die auf strenge Fastenregeln und persönliche Armut zielenden Melker Gebräuche von Subiaco übernommen worden waren, bildete die Wiener Universität den intellektuellen Fixpunkt der von den Mönchen zu absolvierenden Studien. Eigene Melker Gewohnheiten fanden ab 1460 weite Verbreitung.

Die Protagonisten der um 1418 mit der Einsetzung eines neuen Abts in Melk begonnenen Reform wussten sich zugleich am Puls ihrer Zeit: Auf Anordnung des von 1414 bis 1418 in Konstanz tagenden Konzils wurde im Jahr 1417 ein Kapitel der von Benedikt XII. festgesetzten Provinz Mainz-Bamberg in die nahe Konstanz gelegene Abtei Petershausen einberufen. Von den 133 geladenen Oberen erschienen 126 persönlich oder ließen sich vertreten. Hier einigte man sich auf den Vorsatz strikter Regelbefolgung, wobei wieder einmal die Verschärfung der Fastengewohnheiten, die Einhaltung der Klausur und die Zurückdrängung des Eigenbesitzes im Zentrum standen. Zugleich wurde auch hier die Initiative Papst Benedikts wieder aufgegriffen, wonach die Mönche sich verstärkt den Wissenschaften widmen sollten.

Die Melker Reformer konnten hier unmittelbar anschließen. Melk und die an ihm orientierten Klöster wurden zu Knotenpunkten eines neuen humanistischen Denkens. Nach einem kurzen Niedergang infolge der reformatorischen Umbrüche des 16. Jahrhunderts sollte sich Melk ab dem 17. Jahrhundert zu einem führenden geistigen Zentrum unter den benediktinischen

Gemeinschaften entwickeln, das erst mit dem Josephinismus ein Ende finden würde. Das intellektuelle Netzwerk um die Gebrüder Bernhard und Hieronymus Pez (1683–1735/, 1658–1762), war dem der Mauriner (siehe S. 111) vergleichbar. Als Stiftsbibliothekaren in Melk stand ihnen ein beeindruckender Fundus zur Verfügung, den sie auf ausgedehnten Archivreisen noch zu erweitern wussten. Die von ihnen zum Druck gebrachten Quellensammlungen zur Geschichte der monastischen Kultur, aber auch der österreichischen Länder sind noch heute unentbehrlich.

Die von Melk wie die von Kastl ausgehenden Reformen waren überaus erfolgreich und beeinflussten eine große Zahl von Klöstern sowohl für Frauen als auch für Männer. Melk strahlte als Vorbild bis nach Ungarn, wo die Bemühungen Máté Tolnais (gest. 1535) zur Einrichtung einer landesweiten Kongregation unter Führung von Pannonhalma 1514 trotz zahlreicher Widerstände seitens der Äbte schließlich von Erfolg gekrönt waren, als Papst Leo X. den Zusammenschluss bestätigte. Die türkischen Eroberungszüge bereiteten dieser nationalen Union jedoch schon 1526 ein rasches Ende.

Ein Defizit der Reformverbünde von Kastl und Melk bestand freilich darin, dass eine Verbandsbildung unterblieb und neben der gemeinsamen Observanz keine rechtliche Bindung der Häuser etabliert wurde. Den Schritt zur Bildung einer Kongregation ging die vom niedersächsischen Bursfelde ausgehende Bewegung und folgte damit dem Beispiel von S. Giustina und anderen. Auch hier war es mit dem Braunschweiger Herzog Otto II. (gest. 1463) wieder ein Landesherr, der seine Möglichkeiten des Zugriffs auf Klöster im Sinne einer Erneuerung benediktinischen Lebens zu nutzen wusste. Mit Johannes Dederoth (gest. 1439) installierte er einen gelehrten Benediktiner als Abt zunächst des Klosters Clus, dann in Personalunion von Bursfelde. Dies war kaum regelkonform, aber erfolgreich. Dederoth, vor allem aber sein Nachfolger Johannes von Hagen (gest. 1469) formten einen am italienischen Vorbild orientierten Verband, der bis zur allgemeinen Auflösung der Klöster im Jahr 1803 (siehe S. 117) Bestand hatte. Im Unterschied zu S. Giustina blieben die Bursfelder Klöster trotz der Etablierung eines Generalkapitels autonom, glichen darüber hinaus aber ihre Liturgie und Observanz einander an.

9. Bildung oder Askese: Zeiten des Umbruchs (16.–18. Jahrhundert)

Mönchtum war immer Mönchtum in der Welt, und selbst beständig neue Reformen konnten die nach der Benediktsregel lebenden Religiosen nicht davor bewahren, dass diese Welt sich wandelte. Die grundstürzenden kirchlichen Veränderungen, angestoßen von den protestantischen Reformatoren Luther, Zwingli und Calvin, drangen auch durch benediktinische Klostermauern. Und die europäischen Expansionen nach Amerika und Asien eröffneten auch den Benediktinern neue Perspektiven, die sie jedoch eher spät und nur zögerlich nutzten. Zur gleichen Zeit, in der sich die Welt für Europa vergrößerte, mussten Religiose jedoch den Eindruck gewinnen, dass diese Welt für sie selbst nicht nur kleiner, sondern auch feindlicher wurde.

Im Strudel der Reformation: Angriffe auf das Mönchtum

In Frankreich zählten seit dem 15. Jahrhundert zunehmend nationalstaatlich orientierte Bestrebungen zu den dominierenden Faktoren der politischen Entwicklung; sie mussten dem universalistischen Geist der *vita religiosa* grundsätzlich zuwiderlaufen. Bereits 1438 hatte sich König Karl VII. (gest. 1461) ein Mitspracherecht bei der Besetzung kirchlicher Ämter gesichert. Sein Nachfolger Franz I. (gest. 1547) nutzte 1516 die Schwäche des Papsttums im Konkordat von Bologna sogar noch weiter und folgenreicher aus: Die französische Krone erhielt das Recht, künftig alle Bischöfe und die Äbte der wichtigsten Abteien selbst zu bestimmen. Der Kirche blieb das Instrument der Weihe, die jedoch bei formal genügenden Kandidaten nicht verweigert werden durfte. Die folgende Renaissance des Kommendewesens war der nötigen Konzentration der Klöster auf ihre geistlichen Aufgaben kaum förderlich. Trotz deutlicher Kritik an dieser Praxis, die insbesondere von Seiten der Zisterzienser vorgetragen wurde, sah sich auch das Konzil von Trient (1545–63) nicht in der Lage, diese zu beenden.

Zu einer existenziellen Infragestellung des Mönchtums kam es in vielen deutschsprachigen Territorien und nachfolgend auch in Skandinavien sowie Zentral- und Osteuropa: Durch die gewaltigen Umwälzungen der protestantischen Reformation wurde das für Mönche und Nonnen konstitutive Prinzip einer verdienstlichen Lebensführung zunächst angezweifelt und schon bald als Ausdruck verwerflicher Werkgerechtigkeit abgelehnt. Damit war den Klöstern in reformierten Herrschaftsgebieten die ideologische Grundlage entzogen. Den Reformatoren konnte es in dieser Frage nicht mehr um Erneuerung, sondern ausschließlich um die Abschaffung der Klöster gehen. Neben zahlreichen Austritten von Nonnen und Mönchen trugen landesherrlich verfügte Auflösungen entscheidend zum Verschwinden geistlicher Einrichtungen in den reformierten Gebieten bei. Die Fürsten waren, wie Melanchthon (gest. 1560) formulierte, anstelle der alten Obrigkeiten die vornehmsten Glieder (*praecipua membra*) der Kirche, denen auch die Entscheidungen der Kirchenpolitik zukommen sollten.

Das Recht, Klöster aufzulösen, stand den Landesherren seit dem Reichstag von Speyer im Jahr 1526 zu, und einer der Ersten, die hiervon auch in großem Umfang Gebrauch machten, war der hessische Landgraf Philipp (gest. 1567): Noch im gleichen Jahr wurde auf einer Synode in Homburg unter anderem die Auflösung aller hessischen Klöster beschlossen und auch rasch umgesetzt. Gebäude wie Pfründen verwendete man stattdessen für Schulen und auch karitative Einrichtungen. Von den vier seit 1533 gegründeten «Hohen Hospitälern» waren drei zuvor Klöster gewesen, darunter das zur Bursfelder Kongregation gehörende Gronau und das Zisterzienserkloster Haina. Diese Transformationsprozesse konnten auch durchaus langwierig und ambivalent verlaufen. So untersagte die 1552 für die mecklenburgischen Herzogtümer erlassene Kirchenordnung zwar den (immer noch bestehenden) Männerklöstern die Aufnahme von Novizen, nicht aber denen der Frauen. Diese mussten allerdings damit leben, dass in ihren Klöstern nun evangelisch gepredigt werden sollte.

Am dramatischsten aber verliefen die Entwicklungen in England, wo schließlich sämtliche Klöster, nicht nur die benediktinischen, aufgelöst wurden. Einige wenige Konvente emigrierten auf das Festland und bestanden im Exil fort. Nachdem Heinrich VIII. (gest. 1547) sich 1534 vom Parlament zum Oberhaupt der «Kirche von England» hatte ernennen lassen – ein Recht, das künftig bei den Monarchen verbleiben sollte –, war die politisch wie symbolisch wichtige Beziehung der Klöster zum Papsttum abgeschnitten, das damit auch als Berufungsinstanz ausfiel. Per Dekret wurden 1536 zunächst etwa dreihundert kleine, finanzschwache Klöster aufgelöst. Hiergegen gab es nur sehr verhaltenen Protest, obwohl rund dreißig Äbte bedeutender Klöster selbst dem Oberhaus angehörten und immerhin neun benediktinische Abteien gleichzeitig Bischofssitz waren, der jeweilige Abt also als Oberhaupt der Diözese fungierte. Nach den kleinen folgten wenig später auch die großen und wichtigen Abteien: Ihr Besitz wurde beschlagnahmt, die Mönche, sofern sie sich darauf einließen, mit einer Rente entlassen. Im Ergebnis gab es um 1540 keine Klöster mehr in England und auch nicht mehr in Irland. In Schottland waren diese Auflösungen um 1560 abgeschlossen.

Katholische Reform und innerkirchliche Konkurrenz

Diese hier nur angerissenen Entwicklungen betrafen zunächst einmal sämtliche religiösen Gemeinschaften, doch waren die benediktinischen in besonderer Weise betroffen, da ihre funktionale Orientierung auf Gebet und Selbstheiligung den Anforderungen der sich neu formierenden katholischen Seite nicht genügte. Im Zuge der Rekatholisierung und der katholischen Reform kam den Orden durchaus eine bedeutende Rolle zu, nur wurde diese rasch von neuen Gemeinschaften wie Jesuiten, Ursulinen, Theatinern, Barnabiten oder Kapuzinern ausgefüllt, die sich sowohl in der Seelsorge als auch in der Bildung oder im karitativen Bereich stark engagierten. Benediktiner gerieten vor diesem Hintergrund zunächst in die Defensive, und das Fortbestehen ihrer Klöster wurde nicht nur in protestantischen Territorien zunehmend infrage gestellt. Vor allem deren oftmals reiche Ausstattung mit Grundbesitz oder Rechten erschien auch altgläubigen Landesherren als lukrative Finanzquelle, und sei es zur Förderung neuer Gemeinschaften oder der Errichtung von Schulen. So wurden beispielsweise die bayerischen Abteien in Biburg und Ebersberg den Jesuiten zur Verfügung gestellt, das alte Kloster Aura an der Saale fiel dem Vermögen des Hochstiftes Würzburg zu. Möglichkeiten wie diese waren durch das Konzil von Trient in seiner 23. Sitzung 1563 (Kanon 18) eröffnet worden, und sie trafen in erster Linie Benediktiner.

Im gleichen Jahr hatten die Teilnehmer des Trienter Konzils auch ausdrücklich den Beschluss des IV. Laterankonzils von 1215 wieder aufgegriffen und erneuert, demzufolge sich alle Klöster in Kongregationen vereinigen sollten, womit vor allem Benediktinerklöster angesprochen waren. Dies konnte den Betroffenen eigentlich nicht unrecht sein, gab es doch gerade von Seiten der Bischöfe oftmals beharrlichen Widerstand gegen Bestrebungen der Klöster zur Kongregationsbildung, vor allem dann, wenn Diözesangrenzen überschritten werden sollten. Zugleich hatte das Konzil aber auch die Rolle der Bischöfe als Aufsichtsorgan gegenüber Klöstern deutlich gestärkt. So versuchten beispielweise die Würzburger Bischöfe, den Äbten der Bursfelder Klöster die Teilnahme an den Generalkapiteln zu untersagen. Überdies diente die Behauptung der drohenden «Protestantisierung» eines Klosters auch dazu, dieses unter dem Vorwand der strengeren Kontrolle dem eigenen Territorium einzugliedern, was beispielsweise dem Bischof von Trier im Jahr 1576 mit der alten Reichsabtei Prüm gegen deren Widerstand gelang.

Benediktiner als Seelsorger und Gelehrte

Doch trotz der externen Interventionen in das benediktinische Leben sind auch vielfältige Bemühungen erkennbar, das Geschehen wieder selbst zu bestimmen. In den meisten europäischen Ländern kam es zur Bildung neuer oder zur Reform bestehender Kongregationen, mit denen eigene Interessen besser vertreten werden sollten. Zentrales Ziel musste sein, den Eindruck der Bedeutungslosigkeit zu überwinden und auf die Bedürfnisse der Zeit in besserer Weise zu reagieren. Wenn auch in deutlich abgestufter Intensität wurden Benediktiner dabei auf ganz verschiedenen Feldern aktiv: Mission, Seelsorge, Studium und Askese.

Nur eine geringe Bedeutung hatte die Mission in den neu entdeckten überseeischen Gebieten Amerikas und Asiens, in die Benediktiner bis zum 19. Jahrhundert kaum eingebunden waren. Eine Sonderstellung kam einzig der Kongregation von Valladolid zu, von der aus nicht nur seit dem ausgehenden 16. Jahrhundert die ersten benediktinischen Klöster in Süd- und Mittelamerika gegründet wurden (1582 Brasilien, 1598 Mexiko und Peru), sondern die auch besonders aktiv um die Rekatholisierung Englands bemüht war. Seit 1613 sprach man sogar von der Kongregation von Spanien und England.

Deutlich breiter angelegt war seit dem 16. Jahrhundert das Engagement benediktinischer Religiosen in der Pfarrseelsorge. Während entsprechende Aufgaben zuvor in den meisten Fällen an sogenannte Leutpriester übertragen worden waren, übernahmen viele Klöster – vor allem im süddeutschen und österreichischen Raum, aber auch innerhalb der Bursfelder Kongregation – die ihnen aus ihren Pfründen erwachsenden Aufgaben nun selbst. Ausdrücklich benannten beispielsweise die 1671 erlassenen Konstitutionen der oberschwäbischen Benediktinerkongregation vom hl. Joseph, der immerhin so bedeutende Abteien wie St. Emmeram in Regensburg, Blaubeuren oder Weingarten angehörten, die Seelsorge als Aufgabe der Klöster. Seelsorge aber setzte Schulung und Studium voraus, und auf diesem Gebiet ist der wohl wichtigste Beitrag des benediktinischen Mönchtums in der Zeit zwischen den religiösen Umbrüchen des 16. und den Säkularisierungen des 18. und 19. Jahrhunderts zu verorten.

Wenn Benediktiner des 17. und 18. Jahrhunderts heute zu Recht als Teil der gelehrten Kultur ihrer Zeit gesehen werden, dann geht dies vor allem auf die Aktivitäten Einzelner zurück, die aber dennoch von großer Wirkung waren. Nur selten hingegen gelang es – wie im Fall der ab 1617 entstandenen ersten Benediktineruniversität in Salzburg –, feste Strukturen zu etablieren. Hier ging dies auf die Initiative des Salzburger Fürsterzbischofs Markus Sittikus Graf von Hohenems (gest. 1619) zurück, und der Erfolg war vor allem dem Engagement der Äbte aus Salzburg und Ottobeuren zu verdanken. Als Studienanstalt für alle Benediktiner war auch das vier Jahre später eingerichtete Collegium Gregorianum in Rom zunächst gedacht, doch ließ sich dieses Ziel nicht verwirklichen. Mehr Erfolg war dem 1687 gegründeten Collegium Anselmianum beschieden, das bis in die Mitte des 19. Jahrhunderts als Studienkolleg der Cassinensischen Kongregation bestand und nach seiner Neuerrichtung 1888 zur noch heute bestehenden Benediktinerhochschule (Athenaeum Sant'Anselmo) werden sollte.

Nicht alle der mittlerweile zahlreichen benediktinischen Kongregationen hatten gleichen Anteil am intellektuellen Aufbruch der Zeit. So blieben Bursfelder Mönche den höheren Schulen trotz räumlicher Nähe eher fern. Zwar besaß die Kongregation ab 1614/16 sogar ein eigenes Studienhaus in unmittelbarer Nähe zur Kölner Universität, doch wurde dieses kaum besucht. Für die Universität in Erfurt, wo die Bursfelder mit St. Peter eines ihrer bedeutendsten Klöster besaßen, ist kein einziges Mitglied der Kongregation in den Matrikeln verzeichnet.

Das Bild des gelehrten Benediktiners prägten insbesondere zwei Gemeinschaften: die 1604 approbierte Kongregation von St-Vanne und die 1621 bestätigte Kongregation vom hl. Maurus (einem angeblichen Schüler des hl. Benedikt von Nursia, von dem Gregor der Große berichtet). Auch für ihre Mitglieder stand die Rückkehr zu einer strengen Befolgung der Benediktsregel im Vordergrund, weshalb Schweigen, Fasten und die Einhaltung der Klausur zentrale Elemente des klösterlichen Lebens darstellten. Für die Organisation der Verbände orientierte man sich – wenn auch in je verschiedener Weise – an den Konstitutionen der Cassinensischen Kongregation (siehe S. 102). Da fast alle französischen und auch lothringischen Klöster als Kommenden vergeben wurden, stand an der Spitze jeweils ein vom Generalkapitel gewählter Prior.

Als solcher fungierte in St-Vanne seit 1598 Didier de la Cour (gest. 1623), der den Novizen der Kongregation auf den Weg gab, dass ein unwissender Benediktiner ein Widerspruch in sich sei. Entsprechend diesem Motto wurden in den verschiedenen Provinzen der Kongregation eigene Studienhäuser eingerichtet, aus denen zahlreiche große Gelehrte wie der Mediziner Dominique-Hyacinthe Alliot (gest. 1705) oder der Historiker, Exeget und Übersetzer Augustin Calmet (gest. 1757) hervorgingen.

Rasch schlossen sich auch französische Klöster dem lothringischen Verband von St-Vanne an, darunter die alte Pariser Königsabtei St-Germain-des-Prés. Da Lothringen aber noch nicht zum französischen Herrschaftsbereich zählte, wurden diese Klöster aufgefordert, eine eigene Kongregation zu bilden, was 1618, mit St-Germain-des-Prés an der Spitze, auch geschah. Es dauerte nicht lange, bis weitere Klöster und einige schon bestehende Kongregationen der neuen Gemeinschaft des hl. Maurus beitraten, deren Mitglieder ab 1621 als Mauriner bekannt wurden. Nur der Tod Kardinal Richelieus (gest. 1642) – er war in Personalunion sowohl Abt von Cîteaux als auch von Cluny, daneben von Prémontré – verhinderte, dass auch die Cluniazenser sich anschlossen.

Wie St-Vanne richteten auch die Mauriner sehr rasch Studienhäuser auf Provinzebene ein und demonstrierten damit, dass auch das Studium der Mönche als die von Benedikt in der Regel geforderte Handarbeit angesehen werden konnte. Ihre Bekanntheit verdanken die Mauriner in erster Linie den historischen Forschungen zahlreicher ihrer Mitglieder, darunter Luc d'Achery (gest. 1685), Thierry Ruinart (gest. 1709) oder Jean Mabillon (gest. 1707). Mauriner inventarisierten historische Buchbestände und Handschriften, veröffentlichten die Werke der Kirchenväter und schrieben nicht nur über die Vergangenheit religiöser Gemeinschaften, sondern gelten ganz allgemein als Protagonisten einer methodisch reflektierten Geschichtswissenschaft. Wenn die Zahl der wissenschaftlich tätigen Mauriner auch außerordentlich hoch war, so waren die Mauriner doch keineswegs eine reine Gelehrtengesellschaft. Die meisten Mitglieder der Kongregation waren einfache Mönche, die aber doch üblicherweise ein Studienhaus besucht hatten.

Weder die Kongregation von St-Vanne noch die der Mauriner nahmen Frauenklöster auf, doch waren zumindest einzelne unter den Mönchen offen genug, um auch die intellektuellen Leistungen von Frauen anzuerkennen und zu würdigen. So schrieb Jean Mabillon einen Nachruf auf Jacqueline Bouette de Blémur (gest. 1697), die zunächst im Kloster Caen lebte, bevor sie zur neuen Gemeinschaft der Benediktinerinnen vom Heiligsten Sakrament (siehe S. 114) wechselte. Ihre in sieben Bänden veröffentlichte Sammlung von Heiligenlegenden («L'année bénédictine») und auch ihre biographischen Abrisse aus der benediktinischen Geschichte («Éloges de plusieurs personnes illustres en piété de l'Ordre de Saint-Benoist décédées en ces derniers siècles») wurden oft gedruckt und übersetzt. Impulse zu Reformen benediktinischer Frauengemeinschaften kamen statt von St-Vanne oder den Maurinern eher von außerhalb des Ordens, wobei Franz von Sales (gest. 1622) einer der wichtigsten Inspiratoren wurde.

Neue Strenge: Trappisten, Feuillanten und andere

Das Leitbild des gelehrten Mönchs, wie es in Frankreich und Lothringen, aber auch bei den Cassinensern oder in süddeutschen und österreichischen Klöstern gepflegt wurde, blieb freilich nicht unwidersprochen:

> Die Mönche sind nicht für das Studium, sondern für die Buße bestimmt. Ihr Auftrag besteht darin, Tränen zu vergießen, nicht Unterricht zu erteilen. Gott, der in seiner Kirche Mönche beruft, möchte keine Gelehrten, sondern Büßer.

Der dies in direktem Angriff gegen die Mauriner, aber im weitesten Sinne gegen das Ideal des gelehrten Mönchs formuliert hatte, war Armand Jean Le Bouthillier de Rancé (gest. 1700), spirituelle Leitfigur und Wegbereiter der Trappisten und als solcher Vertreter einer zisterziensischen Reformbewegung. Rancé, der seit frühester Jugend Kommendatarabt der Zisterze La Trappe war, beschloss nach einem Schicksalsschlag, sein Leben am Hof Ludwigs XIV. (gest. 1715) zu beenden und tatsächlich Mönch zu werden. Obwohl selbst gelehrt, entschied er sich für ein Leben, das der reinen und wörtlichen Befolgung der Benediktsregel gewidmet sein sollte.

Vieles von dem, was nun die von La Trappe ausgehende Bewegung propagierte, war schon in der Lebensweise eines Ordens vorweggenommen worden, der in den Umbrüchen des 16. Jahrhunderts entstanden war: die Feuillanten, benannt nach der Zisterze Les Feuillants. Auch hier hatte ein ehemaliger Kommendatarabt, Jean de la Barrière (gest. 1600), zu seiner monastischen Bestimmung gefunden und gegen den Widerstand des Konvents begonnen, das Kloster im Sinne einer wörtlichen Befolgung der Benediktsregel zu reformieren. Rigides Fasten bei Wasser, Brot und höchstens ein paar Kräutern, der Verzicht auf Tische, Stühle und sogar Betten sowie strengstes Schweigen waren nur einige der neu eingeführten Praktiken. Die neue Strenge wirkte anziehend, so dass Papst Sixtus V. (gest. 1590) die Gemeinschaft gegen den ausdrücklichen Willen des zisterziensischen Generalkapitels in Schutz nahm und Clemens VIII. (gest. 1605) sie nach ihrem raschen Anwachsen 1592 als neuen Orden bestätigte, zu dem auch Klöster für Frauen gehörten.

Benediktinische Geschichte erscheint hier einmal mehr als spannungsreiche Auseinandersetzung um den angemessenen Umgang mit der Regel. Und es kann auch nicht überraschen, dass dem Ideal des Gelehrten das des Büßers entgegengehalten wurde. Auch für die Trappisten war Bildung nicht etwas, das man grundsätzlich ablehnte – sie war jedoch funktional anders besetzt und sollte nicht von dem abhalten, was man für unhintergehbar hielt: Gebet, meditative Lesung heiliger Texte und Handarbeit. Auch auf Frauen wirkte diese vermeintliche Strenge des Ursprungs anziehend. Zwar entstand das erste Kloster der Trappistinnen erst 1796 im schweizerischen Sembrancher (La Sainte

Volonté de Dieu), doch gab es – neben den Feuillantinnen – zahlreiche weitere zisterziensische Strömungen, die insbesondere von Frauen getragen wurden (ausgehend unter anderem von Las Huelgas und Le Tart). Eine eigene Wirkung entfalteten daneben vor allem die Zisterzienserinnen von Port-Royal, die in seltener Weise eine rigoristische Strenge mit intellektueller Tätigkeit verbanden.

In Reaktion auf spirituelle Bedürfnisse der Zeit entstanden noch weitere benediktinische Reformgemeinschaften von Frauen. Besondere Bedeutung kommt den 1676 bestätigten Benediktinerinnen vom Heiligsten Sakrament der Mechtilde de Bar (gest. 1698) zu, da sie einer neuen Sakramentsfrömmigkeit dauerhaft Ausdruck verliehen und zugleich das altkirchliche Ideal ewiger Anbetung praktizierten. Die Befolgung der reinen Regel Benedikts bei gleichfalls andauerndem Gebet hatte sich auch Antoinette d'Orléans-Longueville (gest. 1618) zum Ziel gesetzt, die, nach Anfängen als Feuillantin und Äbtissin von Fontevrault, zur Stifterin der Gemeinschaft Unserer Lieben Frau vom Kalvarienberg werden sollte.

10. Ende und Anfang (18. Jahrhundert bis heute)

Die europaweite Auflösung der Klöster

Die Reformation hatte das Religiosentum infrage gestellt, das sich ausbreitende Modell des Nationalstaats vertrug sich nur bedingt mit dessen universalistischem Charakter, und Herrscher wie Heinrich VIII. hatten aus eigener Machtfülle Klöster weitgehend ohne Widerstand der Betroffenen auflösen können. Benediktinerinnen und Benediktiner waren solchen Herausforderungen begegnet, indem sie sich – wie schon in den Jahrhunderten zuvor – ausdifferenzierten und den nach monastischer Religiosität Strebenden mehr als eine Option boten. Das Potential hierfür lag in der gemeinsamen Regel, die der allerstrengsten Feuillantin ebenso Norm war wie dem barocken Prälaten.

Die seit dem 18. Jahrhundert zunehmend raumgreifenden Ideen der Aufklärung, die utilitaristisch orientierten Gesellschaftskonzepte und materialistischen Welterklärungsmodelle erschütterten jedoch nicht nur das Benediktinertum, sondern stellten das vertraute Modell klösterlicher und kirchlicher Präsenz in der Welt überhaupt infrage. Die Kirche sei, so formulierte Kant (gest. 1804) 1797, «ein bloß auf Glauben errichtetes Institut und, wenn die Täuschung aus dieser Meinung durch Volksaufklärung verschwunden ist, so fällt auch die darauf gegründete furchtbare Macht des Klerus weg, und der Staat bemächtigt sich mit vollem Rechte des angemaßten Eigentums der Kirche, nämlich des durch Vermächtnisse an sie verschenkten Bodens.»

Diese Stoßrichtung machten sich auch jene zu eigen, die Kant nicht gelesen hatten, denn der Philosoph hatte einen Nerv getroffen, der schon längere Zeit zu schmerzen schien. Bereits 1766 hatte König Ludwig XV. (gest. 1774) eine Kommission für das Ordenswesen (*commission des réguliers*) berufen, die sich einen Überblick über sämtliche Klöster Frankreichs verschaffen sollte und hierzu Fragebögen auch an die Mönche selbst sandte – ihre Antworten zeugen von dem Bewusstsein, im öffentlichen Ansehen deutlich gesunken zu sein. Es kam zu Schließungen immerhin eines Sechstels der französischen Klöster, wovon Benediktiner allerdings kaum betroffen waren. In die Eigentumsverhältnisse, an denen sich wenig später massive Kritik entzünden sollte, wurde 1768 noch nicht eingegriffen: Die Güter aufgelöster Klöster verblieben im Besitz der Kirche. Offensichtlich aber hatte das Vorgehen doch zu Veränderungen auch bei den Betroffenen geführt, denn die Zahl neuer Berufungen stieg in der Folge gerade bei den Maurinern erkennbar.

Deutlich radikaler war das Vorgehen innerhalb der habsburgischen Territorien – des mit Abstand größten Herrschaftsverbundes im damaligen Europa. Nach ersten Ansätzen unter Kaiserin Maria Theresia (gest. 1780) kam es unter ihrem Sohn Joseph II. (gest. 1790) zu Beschränkungen und Aufhebungen nicht nur benediktinischer Klöster. Diese Maßnahme war Teil einer konsequenten Neuorientierung aller gesellschaftlichen Bereiche auf den Primat des obrigkeitlichen Staates, die heute unter dem Begriff des Josephinismus bekannt ist. Nicht nur untersagte der Kaiser alle Verbindungen habsburgischer Klöster in andere Staaten, sondern klösterliches Leben sollte nun stets am Maßstab eines neuen Gemeinwohlbegriffs gemessen werden, dem gerade das Benediktinertum kaum genügen konnte. Per Dekret wurden ab 1781 alle rein kontemplativen Klöster aufgelöst, da diese «ihren Nachbarn nicht den geringsten Nutzen brächten». Unmittelbar von der Schließungsverfügung betroffen waren auch die Häuser der Kamaldulenser; anderen benediktinischen Klöstern drohte dann die Aufhebung, wenn die Religiosen nicht erzieherisch, seelsorgend oder karitativ tätig waren. Dies betraf zwar nur eine vergleichsweise geringe Zahl von Häusern – unter ihnen Ossiach, Göß und St. Georgen oder auch die Zisterzen Viktring und Neuberg –, stellte aber doch einen enormen Verlust dar. Darüber hinaus ermunterte man Mönche, ihre Klöster zu verlassen und stattdessen Pfarrer zu werden – sich also «nützlich» zu machen. Anders als im England des 16. Jahrhunderts floss der Erlös aus dem Verkauf der geschlossenen Klöster und ihrer Liegenschaften jedoch nicht in private Kassen, sondern kam einem Religionsfonds zugute, aus dem künftig nicht nur die Pensionen ehemaliger Religiosen bezahlt werden sollten, sondern auch die zahlreichen neuen Pfarrstellen finanziert wurden.

Diese Entwicklung verlief aus der Perspektive der Betroffenen zweifellos dramatisch, jedoch immerhin in einem Rahmen, der allen Beteiligten Perspektiven eröffnete. Ganz anders die Situation in Frankreich: Nachdem im Zuge der revolutionären Umwälzungen zunächst im November 1789 der Beschluss erging, sämtlichen kirchlichen Besitz zu verstaatlichen, folgte ein Vierteljahr später, im Februar 1790, der Entscheid zur Beendigung klösterlichen Lebens. Ewige Gelübde seien unvereinbar mit den Menschenrechten, weshalb alle Gemeinschaften, die sie verlangten, säkularisiert werden sollten. Wer sein Kloster freiwillig verließ, sollte künftig eine Pension erhalten; alle anderen Mönche wurden zwangsweise in Zentralklöstern zusammengeführt. Einzig klösterliche Schulen und Hospitäler durften vorläufig fortbestehen, bis man auch sie 1792 säkularisierte.

Dies alles hatte Folgen über Frankreichs Grenzen hinaus, zumal die Revolution expandierte und damit das Modell französischer Klosterpolitik Verbreitung fand. Erstaunlicherweise gab es gegen diese vielfachen und – wenn auch phasenverschoben – fast ganz Europa betreffenden Auflösungen von Klöstern aufs Ganze gesehen nur verhaltenen Widerstand von Seiten des Klerus. Für alle anderen bot sich die Möglichkeit einer territorialen Neugestaltung, die insbesondere für die deutschen Länder des nicht ohne Grund so genannten «Heiligen Römischen Reichs» mit seinen vielen geistlichen Herrschaften verlockend schien. Im hochverschuldeten Bayern, wo mehr als die Hälfte des Grundbesitzes in geistlicher Hand lag, wurde bereits seit 1802 kirchlicher Besitz umverteilt, noch bevor man im Reichsdeputationshauptschluss von 1803 die Säkularisation für das gesamte Reich beschloss. Mit diesem aber kam es «zu einer totalen Neuordnung der deutschen Landkarte» (D. Beales). Fast sämtliche noch bestehenden geistlichen Herrschaften wurden säkularisiert und die Klöster aufgelöst. Ihren Besitz übertrug man mit dem Argument der Entschädigung für linksrheinische territoriale Verluste an bestehende weltliche Herrschaften, die sich auf diesem Wege arrondieren konnten.

Allerorten wurden Armenfürsorge, Gesundheit, Bildung und Seelsorge zu staatlichen Aufgaben erklärt, für die man Klöster nicht mehr brauchte. Nur wenige benediktinische Klöster im Reichsgebiet blieben zunächst bestehen, wie etwa das Regensburger Schottenkloster St. Jakob, das erst 1862 aufgehoben wurde, oder die Zisterzienserinnenklöster Marienthal und Marienstern in der Oberlausitz, denen dieses Schicksal ganz erspart blieb. Die spanischen Klöster wurden 1809 im Zuge der sogenannten Desamortisationen aufgehoben und ihr Besitz beschlagnahmt. In Italien schließlich löste man fast alle Klöster auf und erhielt nur einige bedeutende Häuser wie Montecassino, Montevergine oder La Cava als nationale Monumente, wo die Mönche mit der Inventarisierung ihres ehemaligen Besitzes an Büchern, Handschriften und Kunstgegenständen beauftragt wurden. Einzig in England verliefen die Entwicklungen gegenläufig: Benediktiner durften nach Milderung der antikatholischen Repressionen zu Beginn des 19. Jahrhunderts dorthin zurückkehren. Allgemein aber galt die *vita religiosa* als in jeder Hinsicht aus der Zeit gefallen: unproduktiv, müßig und – auch dies war ein gewichtiges Argument – durch den Zölibat nicht einmal selbsterhaltend. Das Kapitel klösterlichen Lebens im Allgemeinen und benediktinischen Lebens im Besonderen schien in Europa beendet zu sein.

Restauration, Neugründungen und Mission

Und doch gelang der Neuanfang: Die Kirche und mit ihr die Klöster hatten ihr «angemaßtes Eigentum» (siehe S. 115) verloren, und hierin lag nicht nur eine Herausforderung, sondern auch eine Chance. Zwar war es fast überall gelungen, die Klöster abzuschaffen, die katholische Kirche blieb aber religiöser Bezugspunkt der Mehrheit der Europäer. Zugleich waren die Beziehungen nahezu aller europäischen Staaten zum Papst als oberstem Vertreter eben dieser Kirche nachhaltig gestört und mussten auf eine neue Basis gestellt werden. Diese Neuordnung geschah in Form von Konkordaten, mit denen die künftigen Beziehungen geregelt werden sollten. Vorreiterfunktion hatte zweifellos das 1817 geschlossene Bayerische Konkordat, das auch die «Wiedererrichtung einiger Klöster der geistlichen Orden beyderley Geschlechts entweder zum Unterrichte der Jugend in der Religion und den Wissenschaften, oder zur Aushülfte in der Seelsorge, oder zur Kranken-Pflege» vorsah.

Zu einer Renaissance klösterlichen und vor allem auch benediktinischen Lebens kam es jedoch erst unter König Ludwig I. (gest. 1868), der Nonnen und Mönche vor allem in der Seelsorge und im Schulwesen einsetzen wollte. 1830 wurde Metten restituiert, 1838 Scheyern. Als St. Walburg in Eichstätt im Jahr 1835 neu eingerichtet wurde, erlebten dies immerhin neun Pensionärinnen, die nach der Auflösung des Klosters 1806 dort hatten bleiben dürfen. Dass solche Initiativen zur Restauration oder auch Neugründung von Klöstern wie St. Bonifaz (1835) in München nicht von kirchlicher Seite ausgingen, sondern von Laien wie König Ludwig, entsprach durchaus dem Geist der Zeit. Zu restaurativen Tendenzen kamen ein romantischer Geist mit ausgeprägter Mittelalteremphase und eine neue christliche Empfindsamkeit hinzu.

Auch in Frankreich war der benediktinische Neubeginn weniger dem gallikanisch orientierten Episkopat zu verdanken, als vor allem dem persönlichen Einsatz eines bis dahin unbekannten Priesters: Prosper Guéranger (gest. 1875) erwarb 1832 das ehemalige Maurinerpriorat Solesmes und begann dort bereits ein Jahr später mit Gleichgesinnten neues Leben nach der Benediktsregel. Die Verfassung seiner rasch zu einem Klosterverband angewachsenen Gemeinschaft – mit Solesmes an der Spitze – orientierte Guéranger an der maurinischen, wich aber in zwei zentralen Punkten von ihr ab: Zum einen führte er das seit den Reformen des 15. Jahrhunderts aufgegebene Abtsamt auf Lebenszeit wieder ein, zum anderen sollten die einzelnen Konvente wieder autonom sein, was auch die Ortsbindung der Mönche – seit der Gründung des ebenfalls in Solesmes gelegenen Sainte-Cécile 1866 auch der Nonnen – durch ihr Gelübde einschloss. Guérangers Plan, an die maurinische Wissenschaftstradition anzuknüpfen, ließ sich nicht verwirklichen. Stattdessen rückte die Liturgie ins Zentrum, wobei sich Guéranger besonders für traditionelle gottesdienstliche Formen begeisterte, sich aber zugleich auch um deren Vermittlung bemühte. So wurde Solesmes zu einem frühen Zentrum der liturgischen Bewegung.

Unter dem Eindruck von Solesmes und seines Stifters Guéranger stand auch eine weitere benediktinische Neugründung des 19. Jahrhunderts, die ähnliche Bedeutung erlangen sollte: das im oberen Donautal gelegene Kloster Beuron. Seine Gründer – die Brüder Maurus und Placidus Wolter (gest. 1909) – waren bereits Benediktiner, als sie im Jahr 1863 die päpstliche Bestätigung für ihr neues und unabhängiges Priorat erhielten. Rasch stieg es zur Abtei auf, und von Beuron aus wurden zahlreiche Klöster nicht nur im deutschen Sprachraum gegründet, sondern auch in England, Schottland und im damals noch zum Osmanischen Reich gehörenden Jerusalem. Die Gründung des ersten Frauenklosters erfolgte 1889 in Prag, weitere folgten rasch. Beide Wolter-Brüder hatten längere Zeit auch in Solesmes verbracht und die dort gepflegte Form benediktinischen Lebens kennengelernt. Die Konstitutionen der 1873 bestätigten Beuroner Kongregation waren an denen von Solesmes orientiert, und auch in der Betonung der Liturgie folgte man dem französischen Vorbild, wirkte aber doch deutlich stärker in die Welt: Die Beuroner Kunstschule beeinflusste die religiöse Kunst des 19. und 20. Jahrhunderts, und das vom Beuroner Pater Anselm Schott 1884 erstmals herausgegebene Messbuch für Laien erscheint bis heute unter dessen Namen.

Trotz ihres weiten Einflusses waren weder Solesmes noch Beuron missionarisch aktiv und ließen somit Leerstellen, die andere füllen konnten. Das 19. Jahrhundert war insgesamt eine Blütezeit missionarischer Bemühungen, und es entstand eine kaum zu überblickende Zahl von Orden und Gemeinschaften mit apostolischem Vorsatz. Benediktiner standen hierbei nicht im Vordergrund, waren aber in Amerika ebenso wie in Asien oder Afrika aktiv. Vor allem Trappisten beteiligten sich an der nordamerikanischen Mission, während traditionelle Benediktiner sich eher auf die seelsorgerische Betreuung europäischer Aussiedler beschränkten, wie im Fall des 1847 von Metten aus gegründeten ersten Benediktinerklosters der USA: St. Vincent in Pennsylvania.

Der Wunsch zur Mission und die Einsicht, diesem innerhalb seiner Kongregation nicht folgen zu können, bewegten den Beuroner Benediktiner Andreas Amrhein (gest. 1927) 1887 zur Gründung des Klosters St. Ottilien, das rasch zum Zentrum der Missionsbenediktiner (Kongregation von Sankt Ottilien) werden sollte. Die Zeit war für ein solches Vorhaben insofern außerordentlich günstig, als die koloniale Expansion des Deutschen Reichs auf diese Weise auch durch benediktinische Missionen begleitet werden konnte. Bereits im ersten Jahr des Bestehens wurden Missionare ins damalige Deutsch-Ostafrika, wenig später auch in weitere afrikanische Regionen sowie in Gebiete des südostasiatischen Raums entsandt. Dabei stellte sich jedoch heraus, dass ein Leben streng nach der Benediktsregel nur bedingt mit der Mission vereinbar war, weshalb Sonderregelungen vor allem hinsichtlich der Konventsstärken getroffen werden mussten: Gestattet wurde auch ein Zusammenleben in kleinen Gruppen von drei Personen, während üblicherweise zwölf Brüder zusammenleben mussten. St. Ottilien war zunächst als Doppelkloster angelegt, und die Frauen sollten «den Patres in der Mission beistehen». 1904 übersiedelte der Frauenkonvent an den Starnberger See und wirkt von hier aus seitdem unter dem Namen Missions-Benediktinerinnen von Tutzing.

Die Benediktinische Konföderation

Zu dieser Zeit hatten sich die Oberen der dreizehn bestehenden benediktinischen Kongregationen bereits für eine neue Form des Zusammenwirkens entschieden, die 1893 von Papst Leo XIII. (gest. 1903) bestätigt wurde: die *Confoederatio Benedictina Ordinis Sancti Benedicti*, kurz: Benediktinische Konföderation. Unter dem Vorsitz eines gewählten Abtprimas, der seinen Sitz an der schon bestehenden Hochschule nahm, konnten sich die nie in einem gemeinsamen Orden verbundenen Benediktiner nun als eine in Vielfalt organisierte Einheit präsentieren. Mit Ausnahme der Zisterzienser und Trappisten traten auch die anderen nach der Benediktsregel lebenden Orden der Föderation bei: Silvestriner, Olivetaner, Kamaldulenser und Vallombrosaner sind dabei rechtlich selbständige Verbände geblieben, können aber auf diese Weise ihre Zugehörigkeit zur benediktinischen Familie demonstrieren. Einzig die ebenfalls in Kongregationen organisierten benediktinischen Frauengemeinschaften gehören der Konföderation bis zum heutigen Tag nicht an, sondern sind dieser nur assoziiert. Seit dem Jahr 2001 besteht jedoch die *Communio Internationalis Benedictinarum*, die Internationale Gemeinschaft der Benediktinerinnen, die den Austausch mit und vor allem auch ihre Präsenz neben der Konföderation sichern soll. Neben Frauen und Männern, die sich in förmlicher Profess zu einem Leben nach der Benediktsregel verpflichtet haben, gibt es – vermehrt seit dem 19. Jahrhundert – auch jene, die sich als Benediktineroblaten an ein Kloster binden, ohne Nonne oder Mönch zu werden. Im Vordergrund steht hier der Versuch, die Regel auch in der Welt möglichst umfassend zu befolgen, wobei der Gebetsgemeinschaft mit dem jeweiligen Kloster besondere Bedeutung zukommt.

Über die katholische Kirche hinaus

Doch sind Benediktinerinnen und Benediktiner heute nicht mehr auf die katholische Kirche beschränkt. Es haben sich neue Formen eines gemeinsamen Lebens nach der Benediktsregel entwickelt, die in der Ernsthaftigkeit ihres Tuns den etablierten und approbierten Gemeinschaften in nichts nachstehen. Zahlreiche anglikanische Kommunitäten – Frauen und Männer – haben sich für ein Leben nach der Benediktsregel entschieden und können bereits auf eine weit über einhundertjährige Tradition auf allen Kontinenten zurückblicken: Bereits seit 1857 gibt es die von Elizabeth Neale (gest. 1901) in England gegründete Community of the Holy Cross, seit 1894 den Order of the Holy Cross mit Niederlassungen in Nordamerika und Südafrika. Einer Verbindung von Kontemplation und karitativem Wirken fühlt sich die noch junge Community of Divine Love verpflichtet. Daneben bestehen, zum Teil seit Jahrzehnten, evangelische und auch ökumenische Gemeinschaften, in denen ein Leben nach der Benediktsregel geführt wird, wie die Communität Casteller Ring, die Evangelische Bruderschaft Kecharismai oder die Diakonissen im schweizerischen Riehen. Und auch innerhalb der orthodoxen Kirchen haben sich Gläubige die Benediktsregel als Richtschnur klösterlichen Lebens gewählt. Sie alle und auch die vielen in diesem Buch unerwähnt gebliebenen Beispiele des Benediktinertums bezeugen das außerordentliche Potential dieser Regel, die seit Jahrhunderten Anstoß zu immer neuen Formen der Suche nach Gott gibt.

Zeittafel

480–550	Angebliche Lebensdaten Benedikts von Nursia
529	Gregor I. berichtet in der *Vita Benedicti* von der Gründung des Klosters Montecassino.
577	Angeblich erste Zerstörung von Montecassino durch Langobarden
625	Erste Erwähnung der Benediktsregel außerhalb von Gregors *Dialogi*
um 650	Erste Textspuren der Benediktsregel
nach 700	In England entsteht das älteste überlieferte Exemplar der Benediktsregel.
um 718	Wiederbegründung von Montecassino durch Petronax
742/43	Das *Concilium Germanicum* unter Bonifatius schreibt erstmals die Benediktsregel als alleinige Mönchsregel im Frankenreich vor.
816	Das Aachener Konzil erklärt die Benediktsregel für allgemein verbindlich.
883	Zerstörung Montecassinos durch islamische Eroberungszüge
910	Gründung des Klosters Cluny
927–942	Odo ist zweiter Abt von Cluny.
ab 933	Reform des lothringischen Klosters Gorze
950	Wiederbesiedlung von Montecassino
um 973	Beschluss der *Regularis Concordia* auf der Synode von Winchester
um 990	Erste verschriftlichte Gebräuche (*Consuetudines*) in Cluny
1003	Gründung des Klosters Fruttuaria durch Wilhelm von Dijon
1012	Gründung des Klosters Camaldoli durch Romuald von Ravenna
um 1036	Gründung des Klosters Vallombrosa durch Giovanni Gualberto
1043	Gründung des Klosters La Chaise-Dieu durch Robert de Turlande
1055	Gründung des cluniazensischen Frauenklosters Marcigny
1064	Gründung der Abtei Michaelsberg in Siegburg durch den Kölner Erzbischof Anno II.
1069	Wilhelm wird zum Abt von Hirsau berufen.
1098	Gründung des Klosters Cîteaux
1115	Bernhard wird Abt des neuen Klosters Clairvaux.
1119	Bestätigung der zisterziensischen Ordensverfassung (*Carta caritatis*) durch Papst Calixt II.
1131	Äbtekapitel von Reims
1147	Anschluss der Gemeinschaften von Obazine und Savigny an die Zisterzienser

1247 Papst Innozenz IV. bestätigt den Orden der Silvestriner.
1263 Papst Urban IV. bestätigt den Orden der Cölestiner.
1319 Bestätigung des Ordens der Olivetaner
ab 1334 Allgemeine Ordensreformen Papst Benedikts XII.
1349 Zerstörung von Montecassino durch ein schweres Erdbeben
1390 Gründung des spanischen Klosters Valladolid
ab 1408 Reform des Klosters S. Giustina in Padua, Entstehung der gleichnamigen Kongregation
1417 Äbtekapitel von Petershausen
ab 1418 Melker Reform als wichtigste benediktinische Reformbewegung im süddeutsch-österreichischen Raum
ab 1430 Bildung der Bursfelder Kongregation im norddeutschen Raum
1505 Anschluss von Montecassino an die Kongregation von S. Giustina, die seitdem Cassinensische Kongregation genannt wird
1526 Auflösung aller Klöster in Hessen durch Landgraf Philipp
1540 Abschluss der Klosterauflösungen in England
1582 Gründung des ersten Benediktinerklosters in der «Neuen Welt» (Brasilien)
1592 Papst Clemens VIII. bestätigt den Orden der Feuillanten.
1617 Gründung der ersten Benediktineruniversität in Salzburg
1621 Approbation der Kongregation vom hl. Maurus (Mauriner)
ab 1657 Trappistische Reform im Zisterzienserorden
1676 Bestätigung der Benediktinerinnen vom Heiligsten Sakrament
1790 Auflösung aller Klöster in Frankreich
1817 Bayerisches Konkordat als Grundlage klösterlichen Neubeginns in Bayern
1833 Gründung des Klosters Solesmes durch Prosper Guéranger
1847 Gründung des ersten Benediktinerklosters der USA: St. Vincent in Pennsylvania
1857 Gründung der Community of the Holy Cross, einer Gemeinschaft innerhalb der anglikanischen Kirche
1863 Bestätigung des Klosters Beuron
1887 Gründung des Klosters St. Ottilien
1893 Gründung der Benediktinischen Konföderation (*Confoederatio Benedictina Ordinis Sancti Benedicti*)
1944 Zerstörung Montecassinos im Zweiten Weltkrieg
1964 Weihe der wiedererrichteten Kirche von Montecassino; Papst Paul VI. erhebt Benedikt zum «Patron Europas».
2001 Gründung der Internationalen Gemeinschaft der Benediktinerinnen (*Communio Internationalis Benedictinarum*)

Quellen und Literatur

Benedikt und die Benediktsregel. Die Regel des heiligen Benedikt, hg. im Auftrag der Salzburger Äbtekonferenz, Beuron ^{2}2008; Gregor der Große, Der heilige Benedikt: Buch II der Dialoge, St. Ottilien 1995; Quellen und Texte zur Benediktusregel, hg. v. M. Puzicha, St. Ottilien 2007; A. Diem/M. van der Meer, Columbanische Klosterregeln, St. Ottilien 2016

Benediktiner. C. Dartmann, Die Benediktiner. Von den Anfängen bis zum Ende des Mittelalters, Stuttgart 2018; M. Dell'Omo, Geschichte des abendländischen Mönchtums vom Mittelalter bis zur Gegenwart, St. Ottilien 2017; Mittelalterliches Mönchtum in der Moderne? Die Neugründung der Benediktinerabtei Beuron 1863 und deren kulturelle Ausstrahlung im 19. und 20. Jahrhundert, hg. v. K.-H. Braun/H. Ott/W. Schöntag, Stuttgart 2015; Die benediktinische Klosterreform im 15. Jahrhundert, hg. v. F. X. Bischof/M. Thurner, Berlin 2013; U. L. Lehner, Enlightened Monks: The German Benedictines, 1740–1803, Oxford 2011; Macht des Wortes. Benediktinisches Mönchtum im Spiegel Europas, hg. v. G. Sitar/M. Kroker, 2 Bde., Regensburg 2009; H. Müller, Habit und Habitus. Mönche und Humanisten im Dialog, Tübingen 2006; Germania Benedictina, Bd. 1: Die Reformverbände und Kongregationen der Benediktiner im deutschen Sprachraum, bearb. von U. Faust OSB/F. Quarthal, München 1999

Cluniazenser. J. Wollasch, Cluny – «Licht der Welt», Zürich 1996

Frühes Mönchtum. http://earlymedievalmonasticism.org/bibliography monasticism.htm

Zisterzienser. Einmütig in der Liebe. Die frühesten Quellentexte von Cîteaux, hg. v. H. Brem/A. M. Altermatt, Langwaden/Turnhout ^{2}1998; Neuerung und Erneuerung. Wichtige Quellentexte aus der Geschichte des Zisterzienserordens vom 12. bis 17. Jahrhundert, hg. v. H. Brem/A. M. Altermatt, Langwaden 2003; J. Oberste, Die Zisterzienser, Stuttgart 2014; I. Eberl, Die Zisterzienser. Geschichte eines europäischen Ordens, Stuttgart 2002

Christliches Mönchtum im historischen Überblick, vor 1500. G. Melville, Die Welt der mittelalterlichen Klöster. Geschichte und Lebensformen, München 2012

Christliches Mönchtum nach 1500. D. Beales, Europäische Klöster im Zeitalter der Revolution, 1650–1815, Wien 2008; Geschichte des kirchlichen

Lebens in den deutschsprachigen Ländern seit dem Ende des 18. Jahrhunderts, Bd. 7: Klöster und Ordensgemeinschaften, hg. v. E. Gatz, Freiburg i. B. 2006

Weibliche Vita religiosa. Female vita religiosa between Late Antiquity and the High Middle Ages. Structures, developments and spatial contexts, hg. v. G. Melville/A. Müller, Berlin 2011; F. J. Felten, Vita religiosa sanctimonialium. Norm und Praxis des weiblichen religiösen Lebens vom 6. bis zum 13. Jahrhundert, Korb 2011

Monastische Kultur. J. Leclercq, Wissenschaft und Gottverlangen. Zur Mönchstheologie des Mittelalters, Düsseldorf 1963

Bildnachweis

Seite 30: Biblioteca Apostolica Vaticana, MS Vat. lat. 1202, fol. 80r., reproduziert nach dem Faksimile: Codex Benedictus: Vat. Lat. 1202; Lektionar zu den Festen der Heiligen Benedikt, Maurus und Scholastika (Codices e Vaticanis selecti 50), Zürich: Belser 1981, der UB Heidelberg, Signatur: Re 1036 Gross::1
Seite 57: © Jacqueline Guillot/akg-images
Seite 72: Aus: Anselmo Costadoni/Giovanni Benedetto Mittarelli, Annales Camaldulenses Ordinis Sancti Benedicti I, Venedig 1755, S. 5
Hintere Umschlaginnenseite: Aus: Kulturgeschichte der christlichen Orden, hg. v. Peter Dinzelbacher und James Hogg, Stuttgart 1997, S. 101

Dank

Für Lektüre, Korrekturen und Hinweise danke ich Marcel Albert OSB, Peggy H. Breitenstein, Julia Burkhardt, Albrecht Diem, Kai Hering, Gabi Hetmank, Gert Melville, Petra Rehder, Alkuin Schachenmeyer OCist, Cyrill Schäfer OSB, Jörg Sonntag, Isabell Vogel.

Register

Klöster, Klosterverbände, Kongregationen und Orden (Auswahl)

Der Sankt Galler Klosterplan

Legende:
1 Kirche 2 Paulus-Altar oder -Memorie 3 Gallus-Sarkophag 4 Altar der hh. Maria und Gallus 5 Kryptaeingänge 6 Ambo 7 Kreuz-Altar 8 Altar der beiden Johannes (Bapt. u. Ev.) 9 Taufbecken 10 Petrus-Altar oder -Memorie 11 Paradies 12 Türme der hh. Gabriel und Michael 13 Schreibstube im EG, Bibliothek im OG 14 Sakristei im EG, Kammer für die liturgischen Gewänder im OG 15 Zubereitungsraum des heiligen Brotes und Öles 16 Wärmeraum der Mönche im EG, Dormitorium im OG 17 Latrinen 18 Bade- und Waschraum der Mönche 19 Kreuzgarten 20 Kreuzgang 21 Refektorium im EG, Kleiderraum der Mönche im OG 22 Küche der Mönche 23 Bäckerei und Brauerei der Mönche 24 Wein- und Bierkeller der Mönche im EG, Vorratskammer im OG 25 Sprechraum der Mönche 26 Wohnung des Verwalters des Pilger- und Armenhauses 27 Zugangshalle zum Pilger- und Armenhaus 28 Pilger- und Armenhaus 29 Brauerei, Bäckerei und Küche des Pilger- und Armenhauses 30 Eingangshalle zum Paradies 31 Zugangshalle zum Haus für vornehme Gäste und zur Äußeren Schule 32 Wohnung des Pförtners 33 Küche, Bäckerei und Brauerei des Hauses für vornehme Gäste 34 Gästehaus für vornehme Gäste 35 Wohnung des Vorstehers der Äußeren Schule 36 Äußere Schule 37 Wohnung für durchreisende Ordensbrüder 38 Abtswohnung 39 Küche, Keller und Badhaus des Abtes 40 Aderlass-Haus 41 Ärztehaus 42 Garten für Heilkräuter 43 Hospital mit Kreuzgang 44 Küche und Bad des Hospitals 45 Doppelkapelle für Hospital und Noviziat 46 Noviziat mit Kreuzgang 47 Küche und Bad des Noviziats 48 Friedhof, zugleich auch Obstgarten 49 Gemüsegarten 50 Gärtnerhaus 51 Hühnerstall 52 Haus der Hühner- und Gänsewärter 53 Gänsestall 54 Kornscheune 55 Haupthaus der Werkleute 56 Nebenhaus der Werkleute 57 Mühle 58 Stampfe 59 Darre 60 Küferei, Drechslerei und Getreidehaus der Brauer 61 Pferde- und Ochsenstall mit Wärterunterkunft 62 Kuhstall mit Kuhhirten-Unterkunft 63 Stall für die trächtigen Stuten und Füllen mit Wärterunterkunft 64 Schweinestall mit Schweinehirten-Unterkunft 65 Ziegenstall mit Ziegenhirten-Unterkunft 66 Schafstall mit Schafhirten-Unterkunft 67 unbekannt (Legende nach H. Reinhardt, 1952, und W. Horn, 1974)